घुसपैठिये

[कहानी-संग्रह]

घुसपैठिये

ओमप्रकाश वाल्मीकि

राधाकृष्ण प्रकाशन

ISBN : 978-81-7119-860-3

घुसपैठिये

पहला संस्करण : 2003
छठा संस्करण : 2025

मूल्य : ₹495

प्रकाशक
राधाकृष्ण प्रकाशन प्राइवेट लिमिटेड
जी-17, जगतपुरी, दिल्ली-110 051
शाखाएँ : अशोक राजपथ, साइंस कॉलेज के सामने, पटना-800 006
पहली मंजिल, दरबारी बिल्डिंग, महात्मा गांधी मार्ग, प्रयागराज-211 001
1, अनमोल सोराबजी सन्तुक लेन, धोबी तलाव, मरीन लाइंस, मुम्बई-400 002

वेबसाइट : www.radhakrishnaprakashan.com
ई-मेल : info@radhakrishnaprakashan.com

मुद्रक
विकास कम्प्यूटर एंड प्रिंटर्स
ट्रॉनिका सिटी-201 102

GHUSPAITHIYE
Short Stories by Omprakash Valmiki

मोहनदास नैमिशराय को...

भूमिका

'सलाम' के बाद मेरा यह दूसरा कहानी-संग्रह है। अपनी कहानियों पर चर्चा करना, उनमें फिर से लौटना तकलीफदेह लगता है। क्योंकि छपने के बाद अपनी कहानियों को फिर से पढ़ना कभी भी मुझे उत्साहवर्धक नहीं लगा। कभी-कभी अपना ही लिखा हुआ अपना नहीं लगता।

इन कहानियों की अन्तर्वस्तु मेरे अनुभव-जगत की त्रासदियों और दु:खों से उपजी सामाजिक संवेदनाएँ हैं। जिन्हें शब्द-दर-शब्द गहरे अवसादों के साथ यंत्रणा से गुजरते हुए लिखा है। कुछ संस्कारवान आलोचकों को यह सब अतिरेकपूर्ण और जातिवादी लगता है। विशेष रूप से उन्हें जो साहित्य में तथाकथित सार्वभौमिकता और शाश्वत सत्यों की बात करते हैं।

कई लेखक मित्रों को मेरी कहानियों में दलित पात्रों की मुखरता भयभीत करती है, तो कुछ को यह सब राजनीति प्रेरक भी लगता है। कई मित्र इसे काल्पनिक और अविश्वसनीय कहकर खारिज भी कर देने की कोशिश करते हैं।

कई विद्वानों, आलोचकों ने मेरी कहानियों के भीतर सुगबुगाती पीड़ा और दु:ख-भरे संसार को समझने की कोशिश भी की है। राजेन्द्र यादव, नामवर सिंह, डॉक्टर शिवकुमार मिश्र, कंवल भारती, डॉक्टर विवेक सिंह, डॉक्टर शम्भु गुप्त, डॉक्टर मूलचन्द गौतम, भालचन्द्र जोशी तथा अनेक लेखकों ने मेरी कहानियों की अन्त:चेतना की पड़ताल कर सामाजिक सरोकारों की पक्षधरता का सवाल उठाया है। मेरे लिए यह सब अनुभूति और अभिव्यक्ति की संवेदना का प्रश्न है। जो मेरे निजी जीवन तक ही सीमित नहीं है।

कई आलोचकों ने मेरी कहानियों में पात्रों द्वारा 'गाली' दिए जाने की ओर मेरा ध्यान आकर्षित किया। कुछ हद तक वे इन गालियों को अश्लीलता के दायरे में देखते हैं।

सच तो यह है कि मैंने जैसा जीवन देखा-भोगा, महसूस किया, वैसा ही लिखने की, दिखाने की कोशिश की। मेरे इर्द-गिर्द की दुनिया अश्लील है तो इस अश्लीलता को मैं शब्दों के किस आवरण से छिपाने की कोशिश करता? जीवन की नग्नता मात्र शब्दों से अभिव्यक्त नहीं होती है, स्थितियाँ और सामाजिक मान्यताएँ भी अश्लील होती हैं, जिनका सीधा ताल्लुक संस्कारों और परिवेश से होता है।

आरम्भिक दौर में कविताओं से ही मेरी कहानियाँ जन्मी हैं। कविताएँ पढ़ते हुए, लिखते हुए, अचानक कहानियाँ लिखी गईं। यह आज भी जारी है।

मेरी कहानियाँ जीवन के उन तमाम पहलुओं से जुड़ी हैं जो दलित जीवन के इर्द-गिर्द फैला हुआ है। 'शवयात्रा' कहानी 'इंडिया टुडे' (22 जुलाई, 1998) में छपी थी। इस कहानी को लेकर कई दलित आलोचकों, लेखकों के अन्तर्विरोध जिस तरह खुलकर सामने आए, वह सब पीड़ादायक है। इसी तरह 'घुसपैठिये', 'दिनेशपाल जाटव उर्फ दिग्दर्शन' कहानियाँ लिखते समय गहन यातना और क्षोभ से गुजरना पड़ा था।

दलित मानसिकता और सोच में जो गुणात्मक परिवर्तन विकसित हो रहे हैं, उनकी झलक 'कूड़ाघर' और 'मुम्बई कांड' कहानियों में दिखाई देगी। 'मैं ब्राह्मण नहीं हूँ!' कहानी 'राष्ट्रीय सहारा' (10 सितम्बर, 2000) में छपी थी। पाठकों ने इसकी फोटो प्रतियाँ करके अनेक लोगों तक पहुँचाई थीं।

पाठकों ने मुझे विश्वास ही नहीं हौसला भी दिया है। निराशा के क्षणों में पाठकों ने सम्बल देकर उबारा भी है। साथ ही मेरी कमजोरियों की ओर इशारा भी किया है।

'हंस', 'राष्ट्रीय सहारा', 'वसुधा', 'कथाक्रम', 'वर्तमान साहित्य', 'इतवारी पत्रिका', 'अक्षरा', 'भारत अश्वघोष', 'जनसत्ता', 'पंजाब केसरी' के प्रति आभार व्यक्त करता हूँ, जिनके द्वारा मेरी ये कहानियाँ असंख्य पाठकों तक पहुँचीं।

इस संग्रह की पांडुलिपि तैयार करने में श्री राजपाल सिंह ने जो तत्परता दिखाई और सहयोग दिया, मैं हृदय से उनका आभारी हूँ।

—ओमप्रकाश वाल्मीकि

देहरादून
5 मार्च, 2003

क्रम

घुसपैठिये

मेडिकल कॉलेज के छात्र सुभाष सोनकर की खबर से शहर की दिनचर्या पर कोई फर्क नहीं पड़ा था। अखबारों ने इसे आत्महत्या का मामला बताया था। एक ही साल में यह दूसरी मौत थी मेडिकल कॉलेज में। फाइनल वर्ष की सुजाता की मौत को भी आत्महत्या का केस कहकर रफा-दफा कर दिया गया था। किसी ने भी आत्महत्या के कारणों की पड़ताल करना जरूरी नहीं समझा था। लगता था जैसे इस शहर की संवेदनाओं को लकवा मार गया है। दो-दो हत्याओं के बाद भी यह शहर गूँगा ही बना रहा।

राकेश के दफ्तर पहुँचते ही फोन की घंटी बजी। रमेश चौधरी का फोन था। उसने काँपती आवाज में कहा था, "राकेश साहब, सुभाष सोनकर बलि चढ़ गया है..."

"क्या?..." राकेश ने लगभग चीखते हुए पूछा।

"अभी और कितनी हत्याएँ होंगी राकेश साहब?..." रमेश ने अपनी बात जारी रखी थी, "आखिर सोनकर का अपराध क्या था?...सिर्फ इतना कि माँ-बाप उसे डॉक्टर बनाना चाहते थे।" रमेश चौधरी का एक-एक शब्द गहरी वेदना से बाहर आ रहा था।

राकेश काठ की तरह जड़ हो गया था। रमेश चौधरी की भर्राई आवाज जैसे हजारों मील दूर से आ रही थी। जिसे वह ठीक से सुन नहीं पा रहा था। सोनकर की मौत का राकेश को विश्वास ही नहीं हो रहा था। राकेश को लग रहा था जैसे रमेश चौधरी किसी गहरी खाई में खड़ा है। जहाँ से प्रतिध्वनित होकर आ रही आवाज धीमी हो गई थी। जिसे सुन पाना राकेश के लिए कठिन महसूस हो रहा था।

सुभाष सोनकर का उदास चेहरा राकेश की आँखों के सामने बार-बार आ रहा था। उसे लगा फोन उसकी पकड़ से फिसल रहा है।

उसकी स्मृति में वह दिन दस्तक देने लगा था, जब रमेश चौधरी सुभाष सोनकर और उसके मित्रों को लेकर आया था।

उस रोज वह दफ्तर से घर आते ही अखबार लेकर बैठ गया था। रसोई में इन्दु की खटर-पटर चल रही थी। बच्चे दूसरे कमरे में अपना होमवर्क कर रहे थे। घर का वातावरण शान्त था, लेकिन दफ्तर से आते ही अखबार से चिपक जाना इन्दु को चिढ़ाने के लिए काफी था। उसने व्यंग्य से पूछा, "कहीं जाना है क्या?"

"नहीं...क्यों?" राकेश हड़बड़ा गया था।

"कपड़े नहीं बदले...?" इन्दु ने शंका जाहिर की।

राकेश ने कोई उत्तर नहीं दिया। दरअसल वह कुछ बेचैन था। दफ्तर में रमेश चौधरी का फोन आया था। कुछ जरूरी बात करना चाहता था। शाम को घर आएगा। राकेश ने टालने की बहुत कोशिश की थी, लेकिन रमेश चौधरी माना ही नहीं था। राकेश ने कहा भी था, "दफ्तर में ही आ जाओ।" लेकिन रमेश चौधरी ने कहा था, "नहीं, बात कुछ ऐसी ही है जो दफ्तर में नहीं हो सकती है।"

रमेश चौधरी सामाजिक कार्यकर्ता है। अक्सर किसी न किसी बहाने वह राकेश के पास आता ही रहता है। जब भी वह आता है राकेश अव्यवस्थित हो उठता है। उससे जितना बचने का प्रयास करो, वह उतना ही पीछे पड़ा रहता है। रमेश चौधरी के बोलने का अन्दाज कुछ ऐसा था कि सामनेवाला व्यक्ति सहज नहीं रह पाता था।

"...तुम लोग अपने आपको समझते क्या हो? तुम लोगों को सिर्फ बड़े-बड़े प्रमोशन चाहिए, वे भी आरक्षण के भरोसे। बच्चों को स्कूल-कॉलेज में एडमिशन भी कोटे से ही चाहिए। लेकिन इस कोटे कों बचाए रखने के लिए जब कुछ करने की नौबत आती है तो तुम लोगों को जरूरी काम निकल आते हैं या फिर दफ्तर से छुट्टी नहीं मिलती। तब रमेश चौधरी ही बनेगा बलि का बकरा। गालियाँ भी वही खाएगा। देखो साहब...अगर भीड़ का हिस्सा बनने में आप लोगों को खतरा दिखाई देता तो ऐसी संस्थाओं को चन्दा दो जो तुम्हारे हितों के लिए काम करती हैं...तुम लोग इसी तरह उदासीन बने रहे तो वह

दिन दूर नहीं जब आरक्षण को ये लोग हजम कर जाएँगे...बाबा साहब तो हैं नहीं...और बाबा साहब के नुमाइन्दे बनने का जो ढोंग कर रहे हैं वे भी संसद में पहुँचते ही गीदड़ बनकर उनकी गोद में बैठ जाते हैं जो आरक्षण विरोधी हैं, और तरह-तरह की नौटंकियाँ करने में माहिर हैं। न्यायाधीशों से फैसले दिलवाएँगे कि अब मेडिकल और इंजीनियरिंग में आरक्षण से दाखिला नहीं मिलेगा। इससे प्रतिभाएँ नष्ट होती हैं...जैसे प्रतिभाएँ इनकी गुलाम हैं और सिर्फ इनके घरों में ही जन्मती हैं...अरे इतने ही प्रतिभावान थे तो देश की यह हालत कैसे हो गई..."

ऐसे संवादों से राकेश आएँ-बाएँ देखने लगता है। और यदि यह वार्तालाप घर में चल रहा होता तो इन्दु को लगता है जैसे अड़ोसी-पड़ोसी कान लगाकर सुन रहे हैं। इस वार्तालाप से इन्दु ऐसी उखड़ती है कि कई-कई दिन तक घर में गोलीबारी चलती ही रहती है। ऐसे में राकेश एकतरफा युद्धविराम घोषित करके आत्मसमर्पण की मुद्रा अख्तियार कर लेता है।

इन्दु घुमा-फिराकर यही कहती है :

"...तुम चाहे जितने बड़े अफसर बन जाओ, मेल-जोल इन लोगों से ही रखोगे, जिन्हें यह तमीज भी नहीं है कि सोफे पर बैठा कैसे जाता है...तुम्हें इनसे यारी-दोस्ती करना है तो घर से बाहर ही रखो...आस-पड़ोस में जो थोड़ी-बहुत इज्जत है, उसे भी क्यों खत्म करने पर तुले हो...गले में ढोल बाँधकर मत घूमो...यह जो सरनेम लगा रखा है...यही क्या कम है...कितनी बार कहा है कि इसे बदलकर कुछ अच्छा-सा सरनेम लगाओ...बच्चे बड़े हो रहे हैं...इन्हें कितना सहना पड़ता है। कल पिंकी की सहेली कह रही थी...रैदास तो जूते बनाता था...तुम लोग भी जूते बनाते हो...पिंकी रोते हुए घर आई थी...मेरा तो जी करता है बच्चों को लेकर कहीं चली जाऊँ..." इन्दु की यह तानाकशी राकेश को बौना बना देती है। वह खुद अपराध बोध से भर जाता है।

बस अखबार खोलकर बैठ जाता है। ऐसे में अखबार की सुर्खियाँ गड्डमड्ड होकर काले धब्बों में बदल जाती हैं। और राकेश को लगने लगता है जैसे वह सुरक्षित है।

दरवाजे की घंटी बजने से उसकी विचार तन्द्रा टूट गई थी। उसने दरवाजा खोला। रमेश चौधरी ही था। उसके साथ चार युवा और थे। वे सब अन्दर आकर इधर-उधर पसर गए थे। राकेश उन्हें गौर से देख रहा था। सभी के

चेहरों पर हवाइयाँ उड़ रही थीं। उदास चेहरों पर भय की परछाइयाँ दिखाई पड़ रही थीं।

वे सभी चुप थे। सभी अपने-अपने खोल में सिमटे हुए थे। खोल से बाहर आने की छटपटाहट उनके चेहरों से ज्यादा उनकी आँखों में थी। उनकी दशा देखकर राकेश के मन में कई तरह की शंकाएँ पनपने लगी थीं।

रमेश चौधरी ने चुप्पी तोड़ते हुए कहा, "राकेश साहब, यह है अमरदीप, ये विकास चौधरी, ये नितिन मेश्राम और ये सुभाष सोनकर। ये सभी मेडिकल के छात्र हैं। अमरदीप और नितिन मेश्राम फाइनल वर्ष में हैं और ये दोनों प्रथम वर्ष में हैं। आपसे मिलना चाहते थे।"

"हाँ...जरूर..." राकेश ने सहज भाव से कहा।

अमरदीप हिचकते हुए बोला, "सर! हम लोग बहुत बड़ी परेशानी में हैं... समझ में नहीं आ रहा है क्या करें?" अमरदीप पल-भर के लिए रुका। खुद को व्यवस्थित करते हुए बोला, "मेडिकल कॉलेज के जो हालात हैं, उसमें हमारे लिए पढ़ाई जारी रखना दिन-प्रतिदिन कठिन हो रहा है। ये साल हमने जिन यातनाओं के साथ गुजारे हैं...हम ही जानते हैं। कई बार तो लगता था पढ़ाई छोड़कर वापस लौट जाएँ...लेकिन माँ-बाप की उम्मीदें रास्ता रोककर मजबूर कर देती हैं। उन सब यातनाओं के साथ पढ़ाई जारी रखना...बहुत तकलीफदेह है...एक रोज तो मैंने आत्महत्या तक कर लेने का निश्चय कर लिया था।" निराशा और हताशा से लबरेज अमरदीप के शब्दों ने साँझ के धुँधलकों को और अधिक गहरा दिया था। अमरदीप के अन्तस में गूँजती चीत्कारें साफ-साफ सुनाई पड़ रही थीं।

माहौल गमगीन हो गया था। राकेश के हृदय में जैसे कम्पन बढ़ गए थे। अपने ही अन्तर्मन की हिलोरों पर तैरता अमरदीप बोला, "कल पूरा दिन होस्टल के एक कमरे में विकास चौधरी और सुभाष सोनकर को दरवाजा बन्द करके पीटा गया।"

"क्यों?...क्या रैगिंग चल रही थी?" राकेश ने हैरानी से पूछा।

'रैगिंग होती तो फर्स्टइयर के सभी छात्रों के साथ यह सुलूक होता। लेकिन वहाँ तो सिर्फ इन दोनों को ही पीटा गया," अमरदीप ने जोर देकर कहा।

"दलित छात्रों को अलग खड़ा करके अपमानित करना तो रोज का किस्सा है। प्रवेश परीक्षा के प्रतिशत अंक पूछकर थप्पड़ या घूँसों का प्रहार

होता है। जरा भी विरोध किया तो लात पड़ती है। यह दो-चार दिन नहीं साल के साल चलता है। और यह पिटाई कॉलेज या छात्रावास तक ही सीमित नहीं है। शहर से कॉलेज तक जानेवाली बस में भी पिटाई होती है। कोई एक सीनियर चलती बस में चिल्लाकर कहता है, "इस बस में जो भी चमार स्टूडेंट है...वह खड़ा हो जाए...फिर उसे धकियाकर पिछली सीटों पर ले जाया जाता है, जहाँ पहले से बैठे सीनियर लात, घूँसों से उसका स्वागत करते हैं।" अमरदीप ने हालात का ब्योरा दिया।

"यह तो सरासर जुल्म है," राकेश ने उत्तेजित होते हुए कहा। अमरदीप ने राकेश की ओर देखा, "...अभी कुछ दिन पहले ऐसी ही बस में फाइनल के प्रणव मिश्रा ने चिल्लाकर आवाज लगाई तो उस बस में सुभाष सोनकर था, जो प्रणव की आवाज पर चुपचाप रहा। सोनकर के पास जो छात्र बैठा था, उसने इशारे से बता दिया कि सोनकर यहाँ बैठा है। प्रणव मिश्रा अपनी अवहेलना पर तिलमिला गया। सोनकर के बाल पकड़कर अपनी ओर खींचे, 'क्यों बे चमरटे सुनाई नहीं पड़ा हमने क्या कहा था?' सोनकर ने अपने बाल छुड़ाने की कोशिश की...मैं चमार नहीं हूँ। बालों की पकड़ मजबूत थी। सोनकर कराह उठा। प्रणव मिश्रा का झन्नाटेदार थप्पड़ सोनकर के गाल पर पड़ा...(गाली)... चमार हो या सोनकर...ब्राह्मण तो नहीं हो...हो तो सिर्फ कोटेवाले...बस इतना ही काफी है, प्रणव मिश्रा ने सोनकर को लात-घूँसों से अधमरा कर दिया। पूरी बस में ठहाके गूँज रहे थे...बाबा साहब के नाम पर गालियाँ दी जा रही थीं। प्रणव मिश्रा के इस शौर्य पर उसे शाबाशियाँ मिल रही थीं।"

राकेश ने सोनकर की ओर देखा। वह अपराधी की मुद्रा में सिर झुकाए बैठा था। सोनकर के चेहरे पर चोट के निशान और गहरे हो गए थे।

रमेश चौधरी भी खामोश था। लेकिन उसके चेहरे की मांसपेशियाँ कसी हुई थीं। चेहरे का रंग बदल रहा था। रसोई में इन्दु की खटर-पटर और तेज हो गई थी। इन्दु के खखारने का स्वर राकेश के लिए संकेत था...'अजी, आप इन पचड़ों में ना पड़ो।' रसोई के कामकाज के दौरान भी इन्दु के कान इन लोगों की बातचीत पर ही लगे थे।

इन्दु का जो नजरिया था, वह सामाजिक प्रताड़ना का प्रतिफल था। वह एक सहज जीवन जीना चाहती थी। उसे लगता था राकेश को इन झमेलों से बचना चाहिए। वह इसी कोशिश में लगी रहती थी कि आस-पड़ोस के लोग

उनके बारे में न जान पाएँ कि वे कौन हैं? उसे यह सब बहुत सुरक्षित लगता था। लेकिन राकेश उनकी व्यथा-कथा से विचलित हो गया था। उसे महसूस हो रहा था कि वे सब किसी घने बियाबान जंगल में फँस गए हैं जहाँ चारों ओर सिर्फ अँधेरा है या कँटीले झाड़-झंखाड़।

इन्दु रसोई से निकलकर बेडरूम में चली गई थी। जहाँ बच्चे अपने होमवर्क में मशगूल थे। कुछ ही क्षण बाद राकेश का आठ वर्षीय पुत्र बाहर आया। आदेशात्मक लहजे में राकेश से बोला, "पापा! मेरा होमवर्क कराओ।"

"हाँ, बेटे, बस अभी कराते हैं, दस मिनट में...जरा रमेश अंकल से बात कर लें...तब तक तुम अपनी ड्राइंग बना लो," राकेश ने उसे बहला-फुसलाकर वापस भेज दिया। राकेश इन्दु का इशारा समझ रहा था—'इन्हें जल्दी भगाओ...इन झंझटों से अपने आपको दूर रखो।'

राकेश कुछ अटपटा-सा गया था। रमेश चौधरी ने भी इशारा समझ लिया था। वह सहज बने रहना चाहता था। उसने राकेश को धीरे से कहा, "साहब, हम आपका ज्यादा समय नहीं लेंगे...बस इन लड़कों को कोई रास्ता सुझाइए... डॉक्टर तो इन्हें बनना ही है...।"

राकेश गहरी सोच में था। उसे सूझ ही नहीं रहा था कि इन हालात में छात्रों को क्या करना चाहिए।

नितिन मेश्राम अभी तक चुप था। राकेश को गहरी सोच में डूबा देखकर बोला, "होस्टल नं. एक में कमरा एलॉट हो जाने के बाद भी किसी दलित छात्र को उसमें घुसने नहीं दिया जाता है। घूम-फिरकर होस्टल नं. दो में ही दलित छात्रों को रखा जाता है। यही स्थिति गर्ल्स होस्टल की भी है। वहाँ भी सभी दलित लड़कियाँ एक ही होस्टल में रहती हैं। कॉलेज मैनेजमेंट को ये समस्याएँ गम्भीर नहीं लगतीं। उन्हें लगता है दलितों के लिए मेडिकल में आना अतिक्रमण करना है। जब उनसे शिकायत करते हैं तो ध्यान ही नहीं देते।"

नितिन मेश्राम मुखर हो उठा था, "इतना ही नहीं, प्रैक्टिकल की परीक्षाओं में भी भेदभाव बरता जाता है। प्रणव मिश्रा मेरे ही बैच में है। न क्लासेज अटैंड करता है, न प्रैक्टिकल। फिर भी त्रिवेदी सर उसे ही सबसे ज्यादा अंक देते हैं। अटैंडेंस की भी समस्या नहीं होती।" मेश्राम ने कटुता से कहा।

राकेश की स्मृतियों में अतीत दस्तक देने लगा था। जब वह पहली बार होस्टल गया था। उसे जो रूम एलॉट हुआ था उसमें पहले से एक छात्र था

जिसने उसे अपने कमरे में घुसने ही नहीं दिया था। उसने साफ मना कर दिया था कि वह किसी भंगी-चमार के साथ अपना रूम शेयर नहीं कर सकता है। जब उसने होस्टल वार्डन से शिकायत की तो उसने भी उसकी जाति पूछी थी और उसे एक दलित छात्र के साथ रख दिया था। साथ ही उसे चेतावनी भी दी थी—'अपनी औकात में रहो...वरना बाहर कर दूँगा।'

छात्रावास जीवन के दिन बहुत ही पीड़ादायक थे। एक-एक दिन जैसे यंत्रणा से गुजरकर पार करना पड़ता था। मैस में भी अलग बैठना पड़ता था।

रमेश चौधरी ने राकेश की सोच को झटका दिया, "साहब, अब आप ही बताइए क्या किया जाए?"

"तुम लोग डीन से मिले?" राकेश ने सवाल किया।

"जी, मिले थे...उनका कहना है—आरक्षण से आए हो थोड़ा-बहुत तो सहना ही होगा। सवर्ण छात्रों की ज्यादतियों को वे अनुचित नहीं मानते। क्योंकि नाइंसाफी के खिलाफ ये प्रतिक्रिया है। आरक्षण के विरोध से उपजा आक्रोश," नितिन ने वितृष्णा से भरकर कहा।

"डीन ही नहीं प्रोफेसर भी इसी तरह की टिप्पणियाँ करते हैं, और प्रणव मिश्रा जैसे छात्रों को शह देते हैं," अमरदीप ने नितिन मेश्राम की बात का समर्थन किया।

सुभाष सोनकर अपने भीतर उठते गुस्से को दबाते हुए बोला, "मैंने अपनी मेडिकल रिपोर्ट बनवाई थी। जिसे लेकर पुलिस थाने गया था रपट लिखाने। इंस्पेक्टर ने रिपोर्ट लिखने से साफ मना कर दिया था—यह तुम लोगों का अन्दरूनी मामला है। पुलिस को क्यों घसीटते हो...अब आप ही बताइए। आखिर हम जाएँ तो कहाँ जाएँ। इन स्थितियों में ठीक से पढ़ाई में भी एकाग्र होना मुश्किल हो जाता है।"

रमेश चौधरी ने अखबारों को भी रपट भेजी थी जिसमें दलित छात्रों के उत्पीड़न को मुख्य मुद्दा बनाया था। लेकिन अखबारों ने इसे रैगिंग कहकर छापा। दलित छात्रों के साथ होनेवाली ज्यादतियों का कहीं जिक्र तक नहीं था।

विचार-विमर्श के बाद राकेश और रमेश चौधरी डीन से मिलकर समस्या का कोई न कोई समाधान तलाश करेंगे। जरूरत पड़ी तो किसी प्रभावशाली व्यक्ति से मिलकर बात करेंगे।

मेडिकल कॉलेज के डीन डॉक्टर भगवती उपाध्याय से मिलने पर उन्हें निराशा ही हाथ लगी थी। डीन का कहना था कि आरक्षण से मेडिकल का स्तर गिर रहा है। राकेश ने उन्हें टोकते हुए कहा था, "डॉक्टर साहब, हम यहाँ आरक्षण के पक्ष या विपक्ष पर चर्चा करने नहीं दलित छात्रों की समस्याएँ लेकर आए हैं।"

डीन उनकी कोई भी बात सुने बगैर आरक्षण से होनेवाले नुकसान पर ही बोल रहे थे। उनकी धारणा थी कि कम योग्यतावाले जब सरकारी हस्तक्षेप से मेडिकल जैसे संस्थानों में घुसपैठ करेंगे तो हालात तो दिन-प्रतिदिन खराब होंगे ही। उन छात्रों का क्या दोष जो अच्छे अंक लेकर पास हुए हैं।

राकेश बहस से बचना चाह रहा था, "डॉक्टर साहब, आरक्षण पर हम लोग फिर कभी चर्चा कर लेंगे, अभी तो उन हालात का कोई समाधान निकालिए, जिनकी हमने चर्चा की है। दलित छात्रों का उत्पीड़न रोकिए।"

"देखिए, छोटी-मोटी घटनाओं को इतना तूल मत दें। दलित उत्पीड़न जैसा मेरे कॉलेज में कुछ भी नहीं है। और मैं इन वाहियात चीजों को नहीं मानता। हमारे घर में तो भंगिन को भी 'अम्मा' कहा जाता था," डीन जैसे अपने आप से बाहर ही नहीं निकल रहे थे।

राकेश और रमेश चौधरी बौखलाकर उठ आए थे। दलित छात्रों का मेडिकल में आना डीन की दृष्टि में घुसपैठ थी। रमेश चौधरी ने स्वयं को बहुत मुश्किल से काबू में रखा था। शायद राकेश के कारण।

कई दिन वे दोनों अनेक गण्यमान्य लोगों से मिले। लेकिन सभी जगह उन्हें निराशा ही हाथ लगी। अनेक दलित अधिकारियों के पास भी वे गए। उनका रवैया भी निराशाजनक ही था। वे कोई जोखिम उठाना नहीं चाहते थे। उनका कहना था, मामले उठाने से दलित छात्रों का ही नुकसान होगा।

दस-पन्द्रह दिन के अथक प्रयासों के बाद भी कोई सुगबुगाहट वे पैदा करने में असफल रहे थे। निराश होकर रमेश चौधरी ने कहा था, "राकेश साहब अब तो आपने खुद देख लिया...मैं इन लोगों से क्यों कड़वी बात करता हूँ..."

राकेश भी अधिकारी था। लेकिन वह छात्रों की मदद करना चाहता था, सामाजिक उत्तरदायित्व समझकर। सरकारी अफसर ऐसे कामों से बचने की कोशिश करते थे। उन्हें डर था, कहीं इन हादसों के छीटों में वे भीग न जाएँ। उन्हें दलित होने का भय हर वक्त सालता है।

रमेश ने जुलूस निकालने की योजना बना ली थी। तारीख भी तय हो गई थी। लेकिन अचानक सुभाष सोनकर की आत्महत्या ने सब कुछ बदलकर रख दिया था। सबसे ज्यादा सदमा पहुँचा था रमेश चौधरी को। इस खबर से वह गुस्से से बिफर पड़ा था। राकेश को जब उसने सोनकर की आत्महत्या का समाचार दिया उस वक्त वह आपे से बाहर था।

सोनकर को पहली ही परीक्षा में फेल कर दिया गया था। क्योंकि उसने प्रणव मिश्रा के खिलाफ पुलिस में नामजद रपट लिखाने का दुस्साहस किया था, डीन और अन्य प्रोफेसरों तक शिकायत पहुँचाने की हिमाकत की थी, यह भूलकर कि वह इस चक्रव्यूह में अकेला फँस गया है, जहाँ से बाहर आने के लिए उसे कौरवों की कई अक्षौहिणी सेना और अनेक महारथियों से टकराना पड़ेगा। परीक्षाफल का व्यूह भेदकर सोनकर बाहर नहीं आ पाया था। कई महारथियों ने निहत्थे सोनकर की हत्या कर दी थी। जिसे आत्महत्या कहकर प्रचारित किया गया था।

रमेश चौधरी से फोन पर यह समाचार पाकर राकेश भी गहरे अवसाद से भर गया था। उसे विश्वास ही नहीं हो रहा था कि इतनी कुशाग्र बुद्धि का सोनकर आत्महत्या कर सकता है। फोन पर रमेश की आक्रोशित आवाज सुनकर राकेश की उलझनें और ज्यादा बढ़ गई थीं। उसके काँपते हाथ में थमा फोन भी थरथरा गया था। बहुत मुश्किल से राकेश फोन क्रेडिल पर रख पाया था...राकेश ने स्वयं को सँभालने का प्रयास किया। फिर भी उसे लग रहा था जैसे उसका हृदय डूब रहा है। वह धम्म से कुर्सी में धँस गया। उसके मुँह से अस्फुट शब्द निकले, "सोनकर यह क्यों किया तुमने...!"

राकेश का मन बुरी तरह उचट गया था। दफ्तर के काम में भी मन नहीं लग रहा है। वह दफ्तर से उठकर जाने ही वाला था, फोन की घंटी बज उठी। रमेश चौधरी का फोन था। धीर-गम्भीर आवाज में बोल रहा था, "राकेश साहब, कल पोस्टमार्टम के बाद सोनकर की लाश का अन्तिम संस्कार मेडिकल कॉलेज के मुख्य द्वार पर होगा...आपमें साहस हो तो पहुँच जाना..."

रमेश चौधरी के शब्दों में छिपी आँच को उसने महसूस कर लिया था। वह अभी तक सोनकर की मौत के सदमे से उबर नहीं पाया था कि रमेश चौधरी के इस फैसले ने उसे पसोपेश में डाल दिया था। सोनकर का चेहरा बार-बार उसकी आँखों में उतर रहा था। राकेश अपने भीतर उठनेवाली बेचैनी को जितना

दबाने की कोशिश कर रहा था, वह उतनी ही तीव्रता से बढ़ रही थी। वह फिर से कुर्सी पर बैठ गया था। सोनकर का चेहरा उसे उद्वेलित कर रहा था। सोनकर की जद्दोजहद राकेश की अपनी पीड़ा बन गई थी। उसने एक गहरी साँस ली और झटके से उठकर खड़ा हो गया था। उसने तय कर लिया था, वह सोनकर की अन्तिम यात्रा में शामिल ही नहीं होगा, उसे कन्धा भी देगा।

('हंस', मई, 2000)

यह अन्त नहीं

गाँव की ठहरी हुई जिन्दगी में एक भूचाल-सा आ गया था। जहाँ ऊपरी सतह पर शान्ति और ठहराव दिखाई देता था, वहीं निचली सतह पर तेज हलचल थी। जो ऊपरी सतह को तोड़ देने के लिए छटपटा रही थी। लेकिन ऊपरी सतह इतनी सुदृढ़ थी कि उसे तोड़ पाना आसान नहीं था।

बिरमा ने इस ऊपरी सतह पर चोट की थी। यह जानते हुए भी कि उसकी चोट बेअसर होगी। दूसरों की तरह वह चुप नहीं रह पाई थी। शायद रह भी जाती, यदि उसने किसन और उसकी मित्र मंडली के बीच होनेवाली बहसें न सुनी होती। इसी जद्दोजहद ने उसके अन्तर्मन में विश्वास जगा दिया था।

तमाम अभावों के बावजूद मंगलू ने किसन को कॉलेज की पढ़ाई के लिए शहर भेजा था। महीने-दो महीने में किसन और उसकी मित्र-मंडली गाँव आते थे। शहर के खुले माहौल ने किसन की सोच और मानसिकता को प्रभावित किया था। वे जब इकट्ठे होते तो किसी न किसी मुद्दे पर ऊँची आवाज में घंटों बहस करते थे। बिरमा की समझ में कुछ भी नहीं आता था। वह अक्सर किसन से पूछती थी, "तुम इतनी लड़ाई क्यूँ करो?" किसन हँसकर कहता, "बुद्धू, यह लड़ाई नहीं बातचीत है।"

बिरमा हैरान रह जाती, "यह कैसी बातचीत है? गाँव में तो इसे लड़ाई ही कहते हैं।" इस बातचीत की वह अभ्यस्त हो गई थी। उसकी बातचीत के कुछ टुकड़े उसे याद रहने लगे थे। आत्मसम्मान, आत्मविश्वास, स्वाभिमान, संघर्ष, संगठन, मात्र शब्द नहीं रह गए थे उसके लिए।

वह इनके अर्थ जानना चाहती थी। किसन से पूछती तो वह समझाने की कोशिश करता, लेकिन बिरमा को लगता कि वह समझ नहीं पा रही है। वह

मन मसोसकर रह जाती थी। ऐसे क्षणों में उसको लगता, काश! उसे भी बापू ने स्कूल भेजा होता। किसन की तरह वह भी कॉलेज जाती तो इतनी बड़ी-बड़ी बातें उसकी समझ में जरूर आतीं।

उसे लगता किसन और उसके दोस्त बहुत ज्यादा पढ़े-लिखे हैं। उनके जैसी बातें करनेवाला गाँव में कोई भी नहीं है। अपनी बस्ती की तो कोई बात ही नहीं बसीटों में भी ऐसा कोई नहीं है।

धान कटाई के उमस भरे दिन थे। मंगलू और सरबती के साथ बिरमा भी धान कटाई के लिए जाती थी। उस रोज वे तेजभान के खेत में धान काटने गए थे। बस्ती के पन्द्रह-बीस स्त्री-पुरुष कटाई पर लगे थे। साँझ होने से पूर्व ही धान कटाई, छँटाई आदि का काम पूरा कर लिया गया था। धान बोरों में भरा जा रहा था।

मंगलू, सरबती और बिरमा को एक-एक गट्ठर धान मिला था। एक गट्ठर बिरमा के सिर पर रखते हुए मंगलू ने कहा, "तू घर जा। साँझ हो री है...घर जाके रोट्टी-पाणी देख लियो...हमें आणे में देर हो जागी। बुग्गी में धान लादके ही आणा होगा। तू चल।"...

बिरमा अकेली ही चल पड़ी थी। बाकी मजदूर वहीं रह गए थे। बोझ भारी था। रास्ता कच्चा एवं ऊबड़-खाबड़ था। सँभल-सँभलकर चलना पड़ रहा था। गाँव काफी दूर था। गाँव से पहले आम का बगीचा था। उसके साथ-साथ पगडंडी थी। सुनसान रास्ते पर चलते हुए बिरमा का जी घबराने लगा था। वह जल्दी-जल्दी कदम उठाकर चलने का प्रयास कर रही थी। बोझ के कारण चलने की गति धीमी थी।

बगीचे में सचीन्दर दिखाई दिया। उसे वहाँ खड़ा देखकर बिरमा सहम गई। धान की कटाई के वक्त भी वह लगातार उसे घूर रहा था। बिरमा ने उसकी नजरें भाप ली थी। उसने जल्दी-जल्दी कदम उठाने की कोशिश की, ताकि वह बगीचे की ओर से खुले रास्ते पर पहुँच जाए।

कुछ कदम चलने के बाद ही उसे लगा जैसे सचीन्दर उसके पीछे-पीछे आ रहा है। उसकी धड़कनें बढ़ रही थीं। बोझ के कारण वह मुड़कर देख नहीं पा रही थी।

सचीन्दर ने तेजी से आगे बढ़कर उसका रास्ता रोक लिया। बेहयायी से बोला, "सिर पर इतना बोझ है, थक गई होगी। थोड़ा सा सुस्ता ले..." बिरमा ने

आग्नेय नेत्रों से उसे घूरा। बिरमा कुछ कहे उससे पहले ही सचीन्दर ने उसके गालों को छुआ। उसके स्पर्श से बिरमा के शरीर में जैसे बिजली सी कौंध गई। क्षण-भर को तो वह सहम गई थी। सचीन्दर ने जैसे ही उसके सीने की ओर हाथ बढ़ाए बिरमा ने पीछे हटने की कोशिश की, सन्तुलन बिगड़ा लेकिन बिरमा ने सिर पर रखा गट्ठर सचीन्दर के ऊपर गिरा दिया। अचानक इस हमले से वह गड़बड़ा गया और गिर पड़ा। जैसे ही उसने उठने की कोशिश की, बिरमा ने पूरी ताकत से उसकी जाँघों के बीच वार किया। लात का प्रहार इतना तगड़ा था कि सचीन्दर उठ नहीं पाया। किसी तरह लड़खड़ाकर खेत में घुसकर गुम हो गया। बिरमा मेंड़ पर खड़ी थी उसे भागता देखकर चिल्लाने लगी। उसने पहले ही झटके में सचीन्दर की बेहयायी को कायरता में तब्दील कर दिया था।

कुछ देर उसी क्रोधित मुद्रा में खड़ी रही। गुस्से में उसका शरीर काँप रहा था। गट्ठर गिरने से धान बिखर गए थे। जिन्हें देखकर बिरमा का जी दुखी हो गया। उसके अन्तर्मन से सचीन्दर के लिए बद्दुआएँ निकलीं।

दूर खेतों से लौटती स्त्रियों की आवाज बिरमा को सुनाई दी। वह गट्ठर पर बैठकर उनका इन्तजार करने लगी।

बिरमा को रास्ते के बीचोबीच इस तरह बैठा देखकर उन्होंने पूछा, "अरी क्या हुआ?"

"कुछ नहीं...यह बोझ गिर गया...करेक हाथ लगवा दो..." बिरमा ने भीतर उठते शोर को छिपाकर कहा।

वह गट्ठर उठवाकर उनके पीछे चल पड़ी।

घर लौटकर भी उसका गुस्सा शान्त नहीं हुआ था। किसन घर पर ही था। बिरमा का उखड़ा हुआ मूड देखकर उसने पूछा, "क्या हुआ?"

"कुछ नहीं!" बिरमा ने सहजता से उत्तर दिया लेकिन उसे रह-रहकर रोना आ रहा था, वह किसन के सामने आने से बचने का प्रयास कर रही थी।

मंगलू और सरबती को आने में देर हो गई थी। माँ को देखते ही बिरमा की रुलाई फूट पड़ी उसे इस तरह हलकान होते देखकर सरबती का हृदय काँपने लगा। वह किसी अज्ञात आशंका से डर गई थी। उसे घर के भीतर ले गई।

"क्यूँ री...क्या हुआ...रो क्यूँ रही है?" सरबती ने पूछा।

मंगलू धान के गट्ठरों को सुव्यवस्थित करने में लगा था। किसन उसका हाथ बँटा रहा था।

बिरमा की हिचकियाँ बँध गई थीं। सरबती के ढाढ़स देने पर उसने सारा किस्सा कह सुनाया। सरबती अवाक् रह गई थी। उसे लगा जैसे किसी काले साए ने उसके परिवार पर कुदृष्टि डाल दी है। वह गुमसुम हो गई थी। आँखों के भीगे कोर आँचल से पोंछते हुए उसने बिरमा को समझाने की कोशिश की। उसे ऊँच-नीच समझाई, बदनामी का डर दिखाकर चुप रहने की सलाह दी। माँ की एक-एक कोशिश बिरमा को काँटे की तरह बींध रही थी। उसे हर सलाह डर और बेबसी का अक्स दिखा रही थी। उसके भीतर एक भीषण तूफान हिलोरें मारने लगा था। वह चुपचाप माँ का एक-एक लफ्ज सुन रही थी। बिना कोई प्रत्युत्तर दिए उठी और चूल्हा जलाने बैठ गई।

चूल्हे की धधकती आग ने उसके अन्तस् की जलन को और अधिक सुलगा दिया था वह बेबसी से निजात पाना चाहती थी। उसने अपने आँसू पोंछ लिये थे।

मौका देखकर सरबती ने मंगलू से पूरी बात कह दी। मंगलू के पाँव तले की जमीन खिसक गई। उसने एक गहरी साँस खींची। रात के गहरे अँधेरे में अपनी पीड़ा को घोलने की चेष्टा करने लगा।

कुछ देर की खामोशी के बाद उसने सरबती से कहा, "बिरमा को ठीक से समझा देणा। किसन से कोई जिक्र ना करे।"

दोनों के बीच फिर से गहरा सन्नाटा पसर गया था। दोनों अपने-अपने भीतर उमड़ते चक्रवात की ध्वनि सुन रहे थे। अँधेरे की सघनता उनके भीतर समा गई थी। मंगलू ने गहरी सोच से बाहर आते हुए कहा, "बिरमा की माँ... इब एक मिलट के लियो बी उसे अपणी आँखों से दूर ना करियो...टेम बुरा आ गिया है...किसी तरियो इसके हाथ पीले हो जा तो कुछ चैन मिलेगा।"...उसकी आवाज किसी अँधेरी गुफा से छन-छनकर आ रही थी।

तेजभान के खानदान के चरित्र को मंगलू अच्छी तरह जानता था। सचीन्दर की हरकतें किसी से छिपी हुई नहीं थीं। बाप-बेटे दोनों की नजर में किसी दूसरे के मान-सम्मान का कोई मतलब ही नहीं था। सचीन्दर का नाम सुनते ही मंगलू आतंकित हो गया था।

रात भर मंगलू, सरबती और बिरमा अपने-अपने ढंग से समस्या का समाधान खोजने की कोशिश कर रहे थे। बिरमा ने पूरी रात जागकर काटी थी। सुबह जब वह उठी तो उसकी आँखें सूजी हुई थीं। चेहरा उदास था। वह घर

के काम में लग गई थी। मंगलू भी जल्दी उठकर जंगल-फरागत के लिए चला गया था। सरबती खाली घड़े लेकर कुएँ से पानी लेने चली गई थी। बिरमा ने उन दोनों के जाते ही किसन को जगाया।

बिरमा ने किसन को कल की पूरी घटना से अवगत करा दिया। वह रात-भर जागकर अपने आपको हर एक स्थिति के लिए तैयार कर चुकी थी। उसकी आँखों में आँसू की जगह गुस्सा और नफरत भरी हुई थी।

सचीन्दर की इस हरकत पर किसन का खून खौल उठा था। जिस्म में जैसे अंगारे भर गए थे।

मंगलू के बाहर से लौटते ही वह बिफर पड़ा, मंगलू हक्का-बक्का रह गया था। बिरमा किसन के ठीक पीछे खड़ी थी। मंगलू ने पूरी जिन्दगी झुके-झुके गुजारी थी किसन अब उसे सीधा खड़ा होने के लिए कह रहा था। जबकि सीधा खड़ा होने की उसे आदत ही नहीं थी। मंगलू को लगा, जिसका डर था वही हुआ। जवान लड़का है। कुछ उलटा-सीधा न कर बैठे।

उसने दयनीय होकर कहा, "ना किसन...जबान खोलोगे तो बुरा हो जागा। इबी तो बात घर में है, कल पूरे गाँव-देहात में फैलेगी...बदनामी होगी। बिरमा के माथे पर दाग लग जागा...चुप रहना ही ठीक है..." मंगलू की बात बीच में ही काटकर किसन बोला, "बापू! बिरमा का दोष क्या है?...जो उसे सजा मिलेगी। नहीं बापू...सचीन्दर को ही सजा मिलेगी।..." किसन गुस्से में बाहर निकल गया। मंगलू ने रोकने की बहुत कोशिश की, लेकिन वह नहीं रुका।

किसन शहर आ गया था। उसने अपने साथियों को इकट्ठा करके घटना की जानकारी उन्हें दी, अपने बापू और माँ के डर की बात भी उसने खुलकर बताई। "अब, आप लोग बताओ...क्या करना चाहिए?" किसन ने सवाल किया।

विचार-विमर्श के बाद सभी की राय थी कि तेजभान ताकतवर आदमी है। उसके लड़के पर हाथ डालने का मतलब है आग से खेलना। सभी की राय थी कि सचीन्दर से सीधा टकराने की बजाय पुलिस की मदद ली जाए।

वे सभी थाने में रपट लिखाने गए थे। लेकिन इंस्पेक्टर ने रपट लिखने से मना कर दिया था। इस बात पर उनके बीच काफी गरमागरमी हो गई थी।

इंस्पेक्टर ने कटाक्ष करते हुए कहा था, "छेड़खानी हुई है...बलात्कार तो नहीं हुआ...तुम लोग बात का बतंगड़ बना रहे हो। गाँव में राजनीति फैलाकर शान्ति भंग करना चाहते हो। मैं अपने इलाके में गुंडागर्दी नहीं होने दूँगा...

चलते बनो।" कुछ क्षण उनके बाहर निकलने का इन्तजार किया। वे टस से मस नहीं हुए तो अजीब सी मुद्रा बनाकर बोला, "फूल खिलेगा तो भौंरे मँडराएँगे ही..." उसने बेशर्मी से खीसें निपोरी। उसके इस तरह बोलने से किसन बौखला गया। उसने तिलमिलाकर कहा, "तमीज से पेश आइए।"

इंस्पेक्टर का झन्नाटेदार थप्पड़ किसन के गाल पर पड़ा, "हरामी की औलाद ये डंडा पूरा उतार दूँगा...तू मुझे तमीज सिखाएगा..." इंस्पेक्टर ने बिना देर किए सभी की धुनाई शुरू कर दी। अचानक हमले से वे हड़बड़ाकर इधर-उधर भागने लगे।

पिट-पिटकर वे थाने से बाहर आ गए थे। पुलिस के साथ उनकी यह पहली मुठभेड़ थी कानून की किताबें रटनेवाले भी बेबस हो गए थे। प्रवीण कानून के दूसरे वर्ष में था। उसके ही सुझाव पर वे थाने गए थे रपट लिखाने। लेकिन पहले ही झटके में चारों खाने चित पड़े थे। प्रवीण गहरी असमंजस की स्थिति में था। किसन स्वयं को दोषी मान रहा था। उसे लग रहा था, सब उसी के कारण हुआ। निराशा की हालत में वे सब साँझ से पहले ही गाँव आ गए थे।

गाँव पहुँचकर उनका गहन विचार-विमर्श हुआ। जिसमें यह तय किया गया कि बस्ती के लोगों को इस घटना की जानकारी देकर एकजुट किया जाए। ताकि गाँव में एक दबाव बन सके। सचीन्दर ऐसे हरकत करने से पहले कोई दस बार सोचे।

साँझ होते-होते बस्ती के तमाम बुजुर्गों और नौजवानों को एक जगह एकत्र कर लिया गया था। बस्ती के बीचोबीच नीम का पेड़ और एक चबूतरा था। वहीं सब जमा हुए थे। किसन ने खड़े होकर सचीन्दर की हरकतों के बारे में बताया। जैसे ही सचीन्दर और तेजभान का जिक्र आया सभा में सन्नाटा फैल गया था। सभी चुप्पी साधकर बैठ गए थे। किसन के बहुत उकसाने पर बूढ़ा धरमू सुस्त थकी आवाज में बोला, "ये कोई नई बात ना है। गरीब की इज्जत का कोई मतलब ही ना होवे है। ये सब तो होता ही रहा है। चुप रहणे में ही भला है। पाणी में रहके मगरमच्छ से बैर लेणा ठीक ना है।"

उससे सभी सहमत दिख रहे थे, लोगों में खुसुरफुसुर शुरू हो गई थी। धरमू ने गला खखारकर बात आगे बढ़ाई, "जिनगी बीत गी है, इसी गाँव में। कदी ना सुणा किसी बिरबानी, बहू-बेटी ने घर आके जिक्र भी किया हो। औरत की लाज चुप रहणे में है ढिंढोरा पीटणे में ना है," धरमू ने जोर देकर कहा।

धरमू की हाँ में हाँ मिलाते हुए रामजीदास भी बोलने लगा, "ये शरीफ बहू-बेटियों के लच्छन ना हैं। मर्दों के सिर फुटौवल कराके ही चैन मिलेगा।"

किसन हैरानी से उन्हें देख रहा था। प्रवीण ने कुछ बोलने की कोशिश की तो वे सभी एक-एक खिसकने लगे। किसन का रहा-सहा हौसला भी टूटने लगा। उसने उन्हें रोकने की कोशिश की लेकिन धीरे-धीरे सभी उठकर चले गए। एकजुट होकर संघर्ष करने की बात तो दूर, वे बात ही सुनने को तैयार नहीं थे।

तेजभान के डर ने उन्हें इतना भयभीत कर रखा था कि वे कुछ देर रुककर बात सुनने की स्थिति में भी नहीं थे। किसन की मित्र-मंडली के लिए यह स्थिति एकदम नई थी। कॉलेज की राजनीति में उनका दखल था। लेकिन गाँव में कोई भी उनकी बात सुनने के लिए तैयार नहीं था।

वे चुपचाप एक दूसरे का मुँह देख रहे थे उनके मन में कई तरह के सवाल उठने लगे थे। उनकी लम्बी-लम्बी बहसें खोखली साबित हुई थीं। सभी सोच रहे थे, 'अब क्या करें।'

काफी सोच-विचार के बाद प्रवीण ने सलाह दी, "बिरमा की ओर से पंचायत में शिकायत की जाए।" प्रवीण पंचायती राज का पक्षधर था। वह हमेशा लोकतांत्रिक मूल्यों की बात करता था। उसका कहना था, "पंचायत एक लोकतांत्रिक संस्था है। गाँव की समस्याओं को निपटाना पंचायत का कर्तव्य है।" सभी उसकी बात ध्यान से सुन रहे थे।

"पिछले चुनाव में इस पंचायत को आरक्षित किया गया था। बिसन सिंह तुम्हारी बिरादरी का प्रधान है। वह जरूर इस मामले को गम्भीरता से लेगा," प्रवीण ने कहा। प्रवीण की राय से सभी सहमत थे। लेकिन किसन की राय भिन्न थी। उसका कहना था, "बिसन तो एक मोहरा है। वह क्या निर्णय देगा। लेकिन आप लोगों की यही राय है तो ठीक है।"

एक अर्जी तैयार की गई। बिरमा से उस पर अँगूठा लगवाया गया। अर्जी लेकर किसन ही प्रधान के पास गया था। प्रधान ने अर्जी लेने में आनाकानी की। बार-बार यही कहा? "किसलिए अर्जी दे रहे हो? किसन ने सिर्फ इतना ही कहा, अर्जी में सब कुछ लिख दिया है।" अर्जी उसके हाथ में थमाकर किसन लौट आया।

अर्जी देखते ही जैसे भूचाल आ गया था। बिसन सिंह प्रधान पसीने-पसीने हो गया था। तेजभान के खिलाफ कोई भी कदम उठाने लायक ताकत उसमें

नहीं थी। वैसे भी प्रधानी उसे अभी-अभी मिली थी। बिसन के दिमाग में यह बैठा हुआ था कि उसे प्रधान तेजभान ने ही बनाया है। वरना वह था क्या। उसे डर था कोई बावेला ना हो जाए। बिरमा से ज्यादा उसे अपने लिए खतरा दिखाई दे रहा था। इसीलिए अर्जी देखकर वह बुरी तरह डर गया था। बिना देर किए वह अर्जी लेकर तेजभान की चौपाल पर पहुँचा। जाते ही अर्जी उनके सामने रख दी।

अर्जी देखते ही तेजभान भड़क उठा, "भंगी-चमारों की यह हिम्मत।...क्यूँ बे बिसना तुझे प्रधान इसीलिए बणाया था?"

"चौधरी साहब! मैं इसीलिए तो खुद चलके आया हूँ। जबसे मंगलू ने किसन को कॉलेज पढ़ने भेज्जा है बस्ती में राजनेति होने लगी है। और चौधरी साहब जमाना भी तो बदल गया है। बिसन ने दयनीयता से हाथ जोड़कर कहा।"

"ओए! बिसना...जमाना अभी भी पहले ही वाला है, तू मुझे सीख दे रहा है। अपणी औकात मत भूल, जमाना तो तब बदलेगा, जिब हम चाहेंगे, जा, जाके अपणी प्रधानी सिंभाल। कहीं वो ही खतरे में ना पड़ जावे। होगा वो ही जो हम चाहेंगे। और इतना उन सभी कू बता देणा दरोगा से लेकर एस.पी. तक सभी अपणी जात के हैं। एक-एक कू अन्दर करा दूँगा। ज्यादा तीन-पाँच करेंगे तो एनकाउंटर में मारे जाँगे बिना मौत..." तेजभान ने प्रधान की कमजोर नस पर प्रहार किया कि वह खिसियाकर रह गया। हाथ जोड़कर विनीत स्वर में बोला, "जैसी आपकी मर्जी, मैं तो आपके पक्ष की ही बात कर रिया था।"

"ठीक है। जो करना होगा, हम बता देंगे। मामले को ज्यादा तूल देणे की ज्यादा जरूरत ना है। जाके इन्हें समझा। क्यूँ बेमौत मरना चाहते हैं। और हाँ उन शहरी लफंगों से कह देणा, गाँव में राजनेति ना फैलावें। अंजाम बुरा होगा। सुणा है उन्होंने कोई मीटिंग भी करी थी?" तेजभान ने बिसना की ओर इस तरह देखा जैसे कह रहे हों—हमें सब पता है।

बिसना लौट आया। लेकिन घबराया हुआ। तेजभान कभी भी कुछ भी कर सकता है। प्रधान होकर भी उसकी औकात एक मुलाजिम से कम नहीं थी। अपनी ही बस्ती में वह एक बाहरी व्यक्ति जैसे रहता था।

तेजभान ने सचीन्दर को भी डाँटा, "अबे! कुछ करना ही था तो हरामजादी को खेत में ही घसीट लेता...खुद ही किसी को मुँह दिखाणे जोगी ना रहती।"

सचीन्दर मुँह नीचा किए खड़ा रहा। खेत में घसीटने की तो क्या बात उलटे बिरमा से पिटकर ही आया। लेकिन इस बात को उसने छिपा लिया था।

गाँव-भर में यह खबर आग की तरह फैल गई थी। तेजभान को चमारों से उतना खतरा नहीं था जितना अपने ही कुटुम्बदार चौधरी जगबीर सिंह से था। अगर जगबीर सिंह ने हवा दे दी इस मामले को तो गाँव की रीत ही बदल जाएगी।

उसने मंगलू को चौपाल पर बुलवा भेजा था। "मंगलू, तू मुझे अच्छी तरह पिछाणे है। फिर भी ऐसी हरकत की। क्या समझता है—पंचायत हमें फाँसी पर चढ़ा देगी। पंचायत है क्या? हमारे पाँव की जूती। प्रधान कोई भी रहे नकेल हमारे हाथ में होती है। जा, जाके अपनी बेट्टी कू समझा। कुछ ऐसा-वैसा हो गिया तो मुझे दोस मत देणा...आगे तेरी मर्जी।" तेजभान की आँखों से आग बरस रही थी।

मंगलू चुपचाप लौट आया। अर्जी के बारे में उसे कोई खबर नहीं थी। उसने घर आते ही किसन पर अपना गुस्सा उतारा। तड़ातड़ डंडे से पीटना शुरू किया।

"तू मुझे कहीं का नहीं छोड़ेगा...पूरे गाँव-देहात में बिरमा की बदनामी कर दी है तूने।"

किसन को देखकर बिरमा दौड़ी। उसने बाप के हाथ से डंडा छीनकर दूर फेंक दिया। आवाज में तीखापन भरकर बोली, "वाह बापू, जो भाई अपनी बहन की आबरू की खातिर लड़ रहा है, तुम उसे पीट रहे हो...और जो..." अचानक उसके भीतर जमा सैलाब फूट पड़ा। उसका गला रुँध गया। शब्द गले में ही अटक गए थे। सिर्फ रुलाई फूट पड़ रही थी। आवाज सुनकर माँ भी आ गई थी। वह भी रोने लगी।

बिरमा को रोता देखकर मंगलू भी रोने लगा। उसने फफकते हुए कहा, "तू ही बता बेट्टी मैं क्या करूँ...वे सब जालिम लोग हैं..."

"कुछ मत कहो बापू! जुल्म के आगे झुक जाने पर भी क्या होगा..." बिरमा ने मंगलू को ढाढ़स दिया।

किसन चुपचाप एक ओर खड़ा था। उन्हें देखकर वह अपनी पीड़ा भूल गया था। उनके करीब आकर बोला, "बापू! हमारे पास न ताकत है, न रुतबा...लेकिन अपनी जान देकर आत्मसम्मान तो माँग ही सकते हैं..."

अचानक बिरमा को लगा जैसे वह अचानक बड़ी हो गई है। वह सिर्फ अपने लिए ही नहीं सबके लिए लड़ सकती है।

किसन ने मंगलू से कहा, "बापू! पंचायत से इंसाफ और सुरक्षा माँगी है... कोई गुनाह तो नहीं किया।"

जैसे-जैसे किसन और बिरमा का स्वाभिमान जाग रहा था अपनी ही बस्ती में अलग-थलग पड़ रहे थे। आखिर पंचायत के फैसले का दिन आ ही गया था। कार्यवाही ज्यादा लम्बी नहीं थी। न किसी का बयान लिया गया था, न किसी किस्म की कोई चर्चा ही हुई थी। न बहस। न आरोपी को बुलाया गया, न फरियादी को। बस, सिर्फ फैसला था। "सचीन्दर वल्द तेजभान ने बिरमा वल्द मंगलू के साथ राह चलते छेड़खानी करने की कोशिश की। भविष्य में ऐसी घटना न हो, इसलिए पंचायत सचीन्दर पर पाँच रुपया जुर्माना करती है।"

इस फैसले से किसन और मंगलू अवाक् रह गए थे। किसन ने विरोध किया। लेकिन उसे बोलने से रोका गया। पंचों का फैसला परमेश्वर का फैसला कहकर बात खत्म करने की कोशिश की गई।

किसन लगातार बोलने की कोशिश करता रहा। लेकिन कुछ लोगों ने उसे धकियाकर बाहर निकाल दिया। तेजभान के लोग उठकर खड़े हो गए थे। लाठियाँ फिर से लम्बी होने लगी थीं।

किसन हताश होकर लौटा था। पीछे-पीछे मंगलू भी आ गया था। बिरमा ने उनके उतरे चेहरे देखे तो सब कुछ समझ गई। घर में मातम-सा छा गया था।

शाम तक किसन की मित्र-मंडली भी आ गई थी। पंचायत का फैसला सुनकर उनके चेहरे भी उतर गए थे।

किसन ने उदास आँखों से प्रवीण की ओर देखा—'कहो कैसा है पंचायती राज' आँखों में सवाल था। प्रवीण जैसे अपने ही भीतर कुछ खँगाल रहा था। उन्हें चुप देखकर बिरमा बोली, "किसन भैया ठीक कहवे थे पंचायत में नियाय ना होत्ता, जात-बिरादरी देखी जावे है। गुंडागर्दी होती है पंचायत के नाम पे।"...बिरमा को इस तरह बोलते हुए वे पहली बार देख रहे थे। बिरमा की मुखरता से चेहरे पर एक अजीब सी चमक आ गई थी। जिसकी ओर सभी का ध्यान गया था।

प्रवीण जो अभी तक चुप ही था। उसने बिरमा से कहा, "हाँ, तुम ठीक कह रही हो। किसन ने पहले ही कहा था। बिसन सिंह एक प्रधान होते हुए

भी सिर्फ मोहरा है।" बिरमा ने उन सभी को सम्बोधित करते हुए कहा, "इस हार पर मुँह क्यों लटका रे हो। ये अन्त ना है...तुम लोगों ने मेरे विश्वास कू जगाया है...इसे मरने मत देणा।" उसके भीतर जैसे कुछ उबल रहा था, जो बाहर आना चाहता था।

सभी ने मिलकर कहा था, "ना बिरमा...यह अन्त नहीं है...तुमने हमें ताकत दी है। हार को जीत में बदलेंगे, लोगों में विश्वास जगाकर, ताकि फिर कोई बिसन मोहरा ना बने।"

सभी के चेहरों पर उम्मीद दिखाई दे रही थी। मंगलू और सरबती भी उनके साथ आकर मिल गए थे, एक नई उम्मीद के साथ।

('वर्तमान साहित्य', कहानी विशेषांक, जनवरी-फरवरी, 1998)

मुम्बई कांड

सुबह से ही कुछ न कुछ ऐसा घटित हो रहा था जिसने उसे तनावग्रस्त कर रखा था। दफ्तर जाते ही गुप्ता से झड़प हो गई थी। वह तो चुप ही था लेकिन गुप्ता ने ही ऐसा कुछ कह दिया था कि वह आपे से बाहर हो गया था। दफ्तर न होता तो शायद मारपीट हो जाती।

पूरा दिन तनाव में ही बीता था। आजकल दफ्तरों में राजनीतिक चर्चाएँ कुछ ज्यादा ही होने लगी हैं। वह अक्सर इन चर्चाओं से दूर रहता है फिर भी लोग घसीट ही लेते हैं। आज भी गुप्ता ने उसे नाम लेकर कहा था, "क्यों सुमेर, आजकल तो धड़ाधड़ शहरों के नाम बदले जा रहे हैं। अपने शहर का नाम कब बदलवा रहे हो?"

सुमेर उसका इशारा समझ गया था। जब से प्रदेश में उसकी जाति की मुख्यमंत्री बनी है, गुप्ता इसी तरह की भाषा बोलता है। उसके लहजे में छिपा कटाक्ष सुमेर को तिलमिला देता है।

उसने गुप्ता की ओर आँखें तरेरी। एक-एक शब्द पर जोर देते हुए बोला, "गुप्ता, जबान मेरे मुँह में भी है। बेहतर यही है उसे खुलने के लिए उकसाओ मत।"

उसकी मुद्रा और भाव-भंगिमा देखकर गुप्ता ने खीसें निपोर दी। कुछ देर के लिए दफ्तर में खामोशी छा गई थी। लेकिन उसका मूड उखड़ गया था। किसी काम में मन नहीं लग रहा था।

शाम को घर लौटने पर भी वह अन्यमनस्क सा था। बार-बार गुप्ता का चेहरा सामने आ रहा था। उसे लगता था, जैसे गुप्ता जानबूझकर उससे इस तरह की बातें करता है।

रात के समाचारों ने उसे और ज्यादा क्षुब्ध कर दिया था। वह आक्रोश से भर उठा था। समाचारों में पुलिस फायरिंग में मारे गए लोगों की लाशें देखकर वह हतप्रभ रह गया था। उसने अपनी साँसें घुटती हुई-सी महसूस की थी। गोलियों के जख्म उसने अपने जिस्म पर महसूस किए थे।

दूरदर्शन से लेकर टी.वी. के अन्य सभी चैनलों पर उसने बारी-बारी से समाचार सुने थे। जुलाई का महीना था। बाहर तेज बारिश हो रही थी। मौसम ठंडा था। फिर भी उसे पसीना आ रहा था। उसने पंखे की स्पीड बढ़ा दी। लेकिन तपिश ज्यों की त्यों थी।

वह किसी भी राजनीतिक दल का समर्थक नहीं था, न किसी का विरोधी ही था। उसकी राजनीतिक जागरूकता सिर्फ वोट डालने तक ही सीमित थी। लेकिन पिछले कुछ वर्षों की हलचलों ने उसे बेचैन कर रखा था। मंडल, अयोध्या और उत्तराखंड मुद्दों ने उसके विश्वास को ही तोड़ा था।...

अयोध्या प्रकरण के प्रारम्भिक दिनों में उसने इस समस्या को ज्यादा गम्भीरता से नहीं लिया था। बल्कि एक बार तो वह कारसेवकों के साथ अयोध्या जाने के लिए भी तैयार हो गया था। कारसेवकों की सूची में अपना नाम भी उसने दर्ज करा लिया था।

लेकिन अयोध्या जाने के पूर्व एक नेता का भाषण सुनकर उसके मन में तरह-तरह की शंकाएँ उठने लगी थीं। इन्हीं शंकाओं ने उसके मन में इस सवाल को भी जन्म दिया था कि उन्होंने छह दिसम्बर का दिन ही क्यों चुना। जबकि उसके लिए यह प्रेरणा और विश्वास का दिन था। वह अयोध्या नहीं गया था।

मुम्बई कांड ने एक बार फिर अयोध्या की याद ताजा कर दी थी। वह मुम्बई से हजारों मील दूर था। फिर भी उस हादसे की प्रतिध्वनियाँ उसे बेचैन कर रही थीं। वह अपने अन्दर एक तूफान महसूस कर रहा था, एक ऐसा तूफान जिसे इससे पूर्व उसने कभी महसूस नहीं किया था। मुम्बई में डॉक्टर अम्बेडकर की मूर्ति को अपमानित किया जाना और फिर अम्बेडकर समर्थकों पर गोली चलाना, उसके बचे-खुचे विश्वास को तोड़ रहा था।

...उस रात वह ठीक से सो नहीं पाया था। रह-रहकर मुम्बई में मारे गए लोगों के रक्त-रंजित चेहरे उसके सामने आ रहे थे। पुलिस फायरिंग के बाद की चीख-पुकार वह अपने भीतर साफ-साफ सुन रहा था। उसे गुप्ता का चेहरा

याद आने लगा। गुप्ता उसे हमेशा नीचा दिखाने की कोशिश में रहता था। उसे लगा इस षड्यंत्र में कहीं गुप्ता भी शामिल है।

उसके मन में कई सवाल उठ खड़े हुए थे। जिनके उत्तर वह ढूँढ़ना चाहता था। इसी जद्दोजहद में मुम्बई कांड का विरोध करने का विचार उसके मन में आया था। इस विचार को वह अपने मन से बाहर निकालने की कोशिश करने लगा। आखिरकार उसने दृढ़ निश्चय कर लिया था कि वह इस घटना का विरोध करेगा।

लेकिन समस्या थी, विरोध किस प्रकार किया जाए। कई विचार मन में आ रहे थे। कलेक्टर के कार्यालय में जाकर विरोध दर्ज करे, लेकिन वहाँ पहुँचना ही एक मुश्किल काम था। एक विचार यह भी आया कि बड़े-बड़े अखबारों में अपना वक्तव्य दे। लेकिन अखबारों का रवैया उसने पिछले कई मौकों पर अच्छी तरह देखा था। उनकी विश्वसनीयता सन्दिग्ध थी।

एक विचार यह भी आया कि सांसद और विधायक से मिलक़र अपना विरोध दर्ज करे, सांसद मंत्री बनने के बाद अक्सर दौरों और उद्घाटनों में व्यस्त था। विधायक उसी सत्ता पक्ष से था जिसकी मुम्बई में सरकार थी। एक विचार आत्मदाह का भी आया था। लेकिन उसे अन्तिम रास्ता मानकर उसने फिलहाल मुल्तवी कर दिया था।

अन्त में जो विचार आया वह था, नगर में लगी किसी मूर्ति को अपमानित कर बदला चुकाए ताकि विरोध की अनुगूँज दूर तक सुनाई पड़े। इससे उत्पन्न दुष्परिणामों पर भी उसने विचार किया था। लेकिन वह अपने निर्णय पर अडिग था।

अब समस्या थी कि मूर्ति को अपमानित किस तरह किया जाए? मुँह काला करे या अंग-भंग करे। या फिर जूतों की माला पहनाए। मुँह काला करने का विचार उसे कुछ जँचा नहीं था। अंग-भंग करने के लिए किसी हथौड़े या सरिये की जरूरत थी जिसे लेकर मूर्ति के पास पहुँचने में ज्यादा जोखिम था।

काफी सोच-विचार के बाद वह इस निर्णय पर पहुँचा कि जूतों की माला ही पहनाई जाए।

सुबह होते ही उसने जूतों की तलाश शुरू कर दी थी। आज वह दफ्तर भी नहीं गया था। योजना को सफल बनाने की धुन सवार थी। जो पारस्परिक सम्बन्धों की जटिलता से उपजी वैमनस्य की भावना का चरम बिन्दु थी। इसीलिए मुम्बई की घटना उसके लिए कोई साधारण घटना नहीं थी।

घर में उसे एक भी ऐसा जूता नहीं मिला था जिसे वह ले सके। जूतों की तलाश में वह घर से बाहर निकल पड़ा।

घर से बाहर निकलते ही उसे जयराम मिल गया था। जयराम रवि जो अभी-अभी हाल ही में नेता बना था। नेता दिखने के चक्कर में उसने अपना हुलिया बदल लिया था। जयराम रवि को देखते ही वह रुक गया था। छूटते ही उसने सवाल दागा, "मुम्बई की घटना पर आपकी क्या प्रतिक्रिया है?" जयराम चुप ही रहा। उसी ने बात आगे बढ़ाई, "डॉक्टर अम्बेडकर की मूर्ति का मुम्बई में अपमान हुआ है, तुम लोग क्या कर रहे हो? दलितों पर पुलिस ने गोलियाँ बरसाई। लोग मारे गए, घायल हुए...कुछ न कुछ तो आप लोगों को भी करना चाहिए..."

"सुमेर जी, मैं थोड़ा जल्दी में हूँ...शाम को आकर बात करूँगा अभी मीटिंग में जाना है। मुख्यमंत्री नगर में आ रही है। रैली करनी है। बस उसी के लिए जाना है..." जयराम ने अपनी व्यस्तता दिखाई। वह उखड़ गया, "जाओ...रैलियाँ करो...वे सब तुम्हारा इस्तेमाल कर रहे हैं। वक्त आने पर कीड़े-मकोड़े की तरह गोलियों से भून दिए जाओगे।"

रवि आगे बढ़ गया था। सुमेर ने चिल्लाकर उसे सुनाया, "देख लेना यहाँ भी गोलियाँ चलेंगी एक दिन। तब तुम्हें पता चलेगा।" उसकी नसें फूल गई थीं। चेहरे पर आक्रोश उबलने लगा था। सड़क के किनारे पड़े एक डिब्बे को उसने ठोकर मारी। टन-टन्न-न-न की आवाज के साथ डिब्बा सड़क पर लुढ़कता रहा।

उसने जगह-जगह जूतों की तलाश की। काफी देर इधर से उधर भटकता रहा। किसी मोची से जूते लेने से भेद खुल जाने की आशा थी। अपनी योजना को वह अकेले ही गोपनीय ढंग से करना चाहता था।

काफी भटकने के बाद भी उसे जरूरत लायक जूते नहीं मिले थे। शहर की सड़कें, गलियाँ, कूड़ेदान छान लेने के बाद भी उसके थैले में ज्यादा जूते नहीं थे।

शाम का धुँधलका फैलने में अभी देर थी। घूमते-घूमते वह घंटाघर की ओर निकल आया था। डॉक्टर अम्बेडकर की मूर्ति के पास खड़े होकर उसने इधर-उधर नजरें दौड़ाई, भीड़-भाड़ बहुत ज्यादा थी। उसने गहरे आत्मविश्वास से अम्बेडकर की मूर्ति की ओर देखा।

घंटाघर की रेलिंग के पास उसे एक पुराना जूता दिखाई पड़ा। जिसे देखते ही वह फुर्ती से जूते की ओर लपका। इस हड़बड़ी में एक स्कूटर से टकराते-टकराते बचा। जूते के पास पहुँचकर उसने जूते को पाँव से ऊपर की ओर उछाला। जूता हाथ में आने के बजाय और दूर छिटक गया था। उसकी इस हरकत पर आते-जाते लोग हँसने लगे।

उसने जूते के ऊपर अपना पाँव रखकर उसे घसीटना शुरू किया। यातायात के बीच से किसी तरह स्वयं को बचाते हुए, वह इलाहाबाद बैंक की सीढ़ियों तक आ गया था। वहाँ पहुँचते ही उसने जूता उठाकर थैले में रख लिया। हाथ से टटोलकर उसने जूतों की गिनती की। थैले में सात जूते थे। उसे लगा इतने जूते काफी हैं।

वह घर की ओर चल दिया। सुबह से उसने कुछ खाया-पिया नहीं था। गुस्से के उफान में भूख-प्यास दब गई थी।

उसने घर के एक कोने में जूते छिपाकर रख दिए थे। अब वह रस्सी की खोज में लग गया था। पड़ोस की दुकान में उसे रस्सी मिल गई थी।

रस्सी मिलते ही उसने माला बनाने का काम शुरू कर दिया था। आज रात ही वह अपनी योजना पूरी कर लेना चाहता था। माला बनाने का काम उसने पूरी गोपनीयता से किया था।

माला बनाते-बनाते उसे खयाल आया कि वह इस माला का उपयोग किस मूर्ति के लिए करेगा, इस पर तो विचार किया ही नहीं। शहर में कुल चार मूर्तियाँ थीं—डॉक्टर अम्बेडकर, गांधी, नेहरू और पटेल की।

काफी मगजपच्ची के बाद भी वह तय नहीं कर पा रहा था कि अपना आक्रोश किस मूर्ति पर उतारे। माला बनाकर उसे थैले में रख दिया था। सुबह से कुछ भी खाया नहीं था। कुछ खा-पीकर वह लेट गया था। रात होने की प्रतीक्षा करने लगा था। शरीर में थकावट थी। आँखों में नींद की हल्की-हल्की खुमार दस्तक दे रही थी। लेकिन मस्तिष्क में बवंडर उठा हुआ था। जो नींद को पास आने से रोक रहे थे। रह-रहकर मुम्बई कांड के दृश्य सामने आ रहे थे। जो उसे गहरे अपमान बोध से भर रहे थे।

उसे 'हरिजन' शब्द पर होनेवाली बहस याद आने लगी। पुस्तकों में पढ़ी गोलमेज परिषद्, पूना पैक्ट, अम्बेडकर का महाड-आन्दोलन याद आने लगा। दफ्तर में गुप्ता का चेहरा उसकी स्मृति को झकझोर रहा था। उसे लगा

गांधी की मूर्ति को ही अपना निशाना बनाएगा। इस विचार के आते ही वह उठ खड़ा हुआ। जल्दी से थैला उठाया और चुपके से अभियान पर निकल पड़ा।

वह तेज कदमों से चल रहा था। जैसे पैरों में पहिये लग गए हों। सड़कें लगभग सुनसान थीं। आसमान में बादलों की गरज तेज बारिश का संकेत दे रही थी।

गांधी पार्क के प्रवेश द्वार के ठीक सामने पहुँचकर उसने इधर-उधर देखा। इक्का-दुक्का वाहनों के बावजूद रास्ता सुनसान ही था। रात के लगभग ग्यारह बजे थे। उसने गेट के सामने खड़े होकर गांधी की मूर्ति पर एक नजर डाली। गेट के उस ओर दूधिया रोशनी में सफेद रंग की यह मूर्ति और अधिक उजली दिखाई पड़ रही थी। उसे लगा जैसे मूर्ति का भोलापन और अधिक उभर आया है। उसे झटका सा लगा, 'अरे, इस मूर्ति के गले में जूतों की माला'। उसे क्षण-भर को स्वयं पर ग्लानि होने लगी। लेकिन यह अहसास ज्यादा देर तक टिक नहीं पाया। अपमान और प्रतिशोध की भावना ने जोर मारा। अखबारों की सुर्खियाँ और समाचारों में देखे रक्त-रंजित चेहरे सामने आने लगे। उसने मन कड़ा किया। घृणा से मूर्ति की ओर देखा। मूर्ति के चेहरे पर उसे उपेक्षा भाव दिखाई देने लगा।

गांधी के हाथ में लाठी और आँखों पर ऐनक वह बचपन से ही देख रहा था। दोनों चीजें गांधी की पहचान थीं। उसके खयाल में आया, 'यदि मूर्ति से लाठी और ऐनक हटा दिए जाएँ तो पहचानना मुश्किल होगा। अखबारों में छपेगा, 'बिना लाठी और ऐनक के गांधी।' अपनी इस कल्पना पर उसे हँसी आ गई। काफी देर वह गांधी की मूर्ति को इसी रूप में देखने की कल्पना में खोया रहा। पास से गुजरती कार के हॉर्न से वह चौंका। उसे अपना अभियान याद आ गया। वह सतर्क होकर इधर-उधर सड़क पर टहलने लगा। चौराहे के पास से वह ओरिएंट सिनेमा की ओर मुड़ा। चौराहे के पास नेहरू की मूर्ति पर उसने एक उड़ती सी नजर डाली और आगे बढ़ गया। उस ओर अँधेरा था। पार्क की रेलिंग टूटी हुई थी। दिन-भर विक्रम टेम्पो की भीड़-भाड़ से वह जगह चहल-पहल से भरी होती है। इस वक्त सुनसान थी। सिनेमा का आखिरी शो भी छूट चुका था।

ऊपर से वह शान्त दिखाई पड़ रहा था। लेकिन उसका दिल जोर-जोर से धड़क रहा था। दिमाग में अजीब-सी उथल-पुथल मची थी। रह-रहकर मुम्बई में मारे गए लोगों की चीखें उसे उकसा रही थीं।

रेलिंग पार कर वह गांधी पार्क में घुस गया था। उसने चारों ओर नजर दौड़ाई दूर-दूर तक कोई नहीं था। वह सधे कदमों से चलकर पेड़-पौधों के झुरमुट में पहुँच गया था। वह कुछ इस तरह से छिपकर बैठ गया था कि बाहर से नजर ही नहीं आ सकता था।

वह काफी सतर्क था। उसकी नजरें मूर्ति के एकदम पास मुख्य द्वार पर लगी थीं। उसने थैले से माला निकाली। एक-एक जूते और उसके बन्धन का मुआयना किया। माला लेकर वह उठकर खड़ा हो गया था। अब वह आगे बढ़ने के लिए एकदम तैयार था।

उसने जैसे ही कदम आगे बढ़ाया, उसके मस्तिष्क में एक विचार कौंधा। क्षण-भर के लिए उसे लगा जैसे विद्युत तरंगें उसके जिस्म में तैर गई हैं। वह ठिठक गया, "अरे! मैं यह क्या कर रहा हूँ। मुम्बई में किसी ने मेरे विश्वास पर चोट की और मैं यहाँ किसी की आस्था पर चोट करने जा रहा हूँ। कुछ गांधी को 'बापू' कहते हैं और कुछ अम्बेडकर को 'बाबा' : वहाँ 'बाबा' कहनेवाले मारे गए, यहाँ 'बापू' वाले मारे जा सकते हैं। 'बाबा' कहनेवालों पर भी गाज गिर सकती है। जो भी हो मारे तो निर्दोष ही जाएँगे।"

उसकी सोच में तेज घोड़े हिनहिनाने लगे थे। कनपटियाँ गर्म हो गई थीं। उसने मन ही मन दोहराया, "नहीं...यह रास्ता न बुद्ध का है और न ही अम्बेडकर का।"

वह पसीने-पसीने हो गया था। उसके हाथ से माला छूटकर गिर गई। उसने तय किया, "नहीं, मैं एक गुनाह का बदला दूसरे गुनाह से नहीं लूँगा।"

अँधेरे से निकलकर वह अब रोशनी में आ गया था। पार्क के बाहर सड़क पर खड़े होकर उसने एक बार फिर पीछे मुड़कर गांधी की मूर्ति की ओर देखा। आँखों पर ऐनक और हाथ में लाठी टेके गांधी की मूर्ति उसी मुद्रा में यथावत खड़ी थी।

उसने गहरी साँस ली और लम्बे-लम्बे डग भरता हुआ घर की ओर वापस मुड़ा। वह तनाव रहित था। अम्बेडकर में उसका विश्वास और अधिक गहरा हो गया था।

('भारत अश्वघोष', जनवरी-फरवरी, 1998)

शवयात्रा

चमारों के गाँव में बल्हारों का एक परिवार था, जो जोहड़ के पार रहता था। चमारों और बल्हारों के बीच एक सीमा रेखा की तरह था जोहड़। बरसात के दिनों में जब जोहड़ पानी से भर जाता था तब बल्हारों का सम्पर्क गाँव से एकदम कट जाता था। बाकी समय में पानी कम हो जाने से किसी तरह वे पार करके गाँव पहुँचते थे। यानी बल्हारों के गाँव तक जाने का कोई रास्ता नहीं था। रास्ता बनाने की जरूरत कभी किसी ने महसूस ही नहीं की थी।

जब किसी चमार को उनकी जरूरत पड़ती, तो जोहड़ के किनारे खड़े होकर आवाज लगा देता। जोहड़ इतना बड़ा भी नहीं था, कि बल्हारों तक आवाज ही न पहुँचे। आवाज सुनकर वे बाहर आ जाते थे।

परिवार में सिर्फ दो जन ही रह गए थे—सुरजा, जिसकी उम्र ढल चुकी थी; और उसकी बेटी सन्तो, जो शादी के तीसरे साल में ही विधवा होकर मायके लौट आई थी। सुरजा की घरवाली को मरे भी तीन साल हो गए थे। घर-बाहर की तमाम जिम्मेदारियाँ सन्तो ने सँभाल रखी थी। सुरजा वैसे भी काफी कमजोर हो चला था। उसे सूझता भी कम था। लेकिन फिर भी गाँव के छोटे-मोटे काम वह कर ही देता था।

सुरजा का एक बेटा भी था, जो दस-बारह साल की उम्र में ही घर छोड़कर भाग गया था। कुछ साल इधर-उधर भटकने के बाद उसे रेलवे में नौकरी मिल गई थी। इस नौकरी ने ही उसे पढ़ने-लिखने की ओर आकर्षित किया था। किसी तरह उसने हाईस्कूल करके तकनीकी प्रशिक्षण लिया और रेलवे में ही फिटर हो गया था। नाम था कल्लू, जो अब कल्लन हो गया था।

जब सन्तो की शादी हुई थी, सारा खर्च कल्लन ने ही उठाया था। सुरजा के पास तो फूटी कौड़ी भी नहीं थी। कल्लन की शादी भी रेलवे कॉलोनी में ही

हो गई थी। उसके ससुर भी रेलवे में ही थे। उसे पढ़ी-लिखी पत्नी मिली थी, जिसके कारण उसके रहन-सहन में फर्क आ गया था। उसके जीवन का ढर्रा ही बदल गया था।

गाँव वह यदा-कदा ही आता था। लेकिन जब भी वह गाँव आता, चमार उसे अजीब-सी नजरों से देखते थे। कल्लू से कल्लन हो जाने को वे स्वीकार नहीं कर पा रहे थे। उनकी दृष्टि में वह अभी भी बल्हार ही था, समाज-व्यवस्था में सबसे नीचे यानी अछूतों में भी अछूत।

गाँव में वह अपने आपको अकेला महसूस करता था। परिवार से बाहर एक भी ऐसा व्यक्ति नहीं था, जिससे वह दो घड़ी बतिया सके। गाँव के पढ़े-लिखे लोग भी उससे कटे-कटे रहते थे। आखिर वह था तो बल्हार ही, जोहड़ पार रहनेवाला। गाँववाले उसे कल्लू बल्हार ही कहकर बुलाते थे। उसे यह सम्बोधन अच्छा नहीं लगता था। नश्तर की तरह उसे बींधकर हीन भावना से भर देता था।

इस बार वह काफी दिन बाद गाँव आया था। उसने आते ही सुरजा से कहा, "बापू, मेरे साथ दिल्ली चलो। सरकारी मकान में सब एक साथ रह लेंगे।"

"ना बेट्टे, इब आखरी बखत में यो गाँव क्यूँ छुड़वावे...पुरखों ने यहाँ आक्के किसी जमान्ने में डेरा डाल्ला था। यहीं मर-खप्प गए, इसी माट्टी में। इस जोहड़ की ढैंग पे रहके जिनगी काट दी। इब कहाँ जांगे," सुरजा ने आँखें मिचमिचाकर अपने मन की बात कही थी, जैसे अतीत में वह कुछ ढूँढ़ रहा था।

कल्लन ने सन्तो की ओर देखा। वह तो चाहती थी, इस जहालत से छुटकारा मिले। लेकिन बापू की बात काटने का उसमें न कभी पहले हौसला था, न अब है, बस चुपचाप बैठकर पैर के अँगूठे से मिट्टी कुरेदने लगी थी। जैसे उसका सोच उसे कहीं बहुत दूर ले जा रहा था, जहाँ दूर-दूर तक भी कोई किनारा दिखाई नहीं पड़ता था। कल्लन ने जोर देकर कहा, "बापू, यहाँ न तो इज्जत है, ना रोटी, चमारों की नजर में भी हम सिर्फ बल्हार हैं...यहाँ तुम्हारी वजह से आना पड़ता है...मेरे बच्चे यहाँ आना नहीं चाहते...उन्हें यहाँ अच्छा ही नहीं लगता..."

उसकी बात बीच में ही काटकर सुरजा बोला, "तो बेट्टे, हियाँ मत आया कर...म्हारी तो कट जागी इसी तरह। बस, सन्तो की फिकर है। यो

अकेल्ली रह जागी...यो टूटा-फूटा घर भी शायद अगली बारिश ना देख पावे। तुझे जो म्हारी चिन्ता है, तो तू इस घर कू पक्का बणवादे..." सुरजा के मन में यह बात कई बार आई थी। लेकिन कह नहीं पाया था। आज मौका पाकर कह दिया।

"बापू, मेरे पास जो दो-चार पैसे हैं, उन्हें यहाँ लगाकर क्या होगा। आपके बाद मैं तो यहाँ रहूँगा नहीं...सन्तो मेरे साथ दिल्ली चली जाएगी," कल्लन ने साफ-साफ कह दिया।

सुनते ही सुरजा भड़क गया। उसके मुँह से गालियाँ फूटने लगीं। चिल्लाकर बोला, "तू! मेरे मरने का इन्तजार भी क्यूँ करै है...इसे आज ही ले जा। और हाँ, अपणे पैसों की धौंस मुझे ना दिखा...अपने धौरे रख...जहाँ इतनी कटगी है, आगे बी कट ही जागी।"

उन दोनों के बीच जैसे अचानक संवाद सूत्र बिखर गए थे। खामोशी उनके इर्द-गिर्द फैल गई थी।

सुबह होते ही कल्लन दिल्ली चला गया था। पैसों का बन्दोबस्त करके वह हफ्ते भर में लौट आया था। साथ में पत्नी सरोज और दस साल की बेटी सलोनी भी आई थी। बेटे को वे उसकी ननिहाल में छोड़कर आ गए थे। कल्लन ने आते ही बापू से कहा, "किसी मिस्तरी से बात करो। कल ईंटों का ट्रक आ जाएगा।" सुनते ही सुरजा की आँखों में चमक आ गई थी। उसे कल्लन की बात पर विश्वास ही नहीं हुआ था। लेकिन कल्लन ने उसे विश्वास दिला दिया था। वह उसी वक्त मिस्तरी की तलाश में निकल पड़ा था।

गाँव में ज्यादातर मकान सूरतराम ठेकेदार ने बनाए थे। सुरजा उसी के पास पहुँचा, "ठेकेदार जी, म्हारा भी एक मकान बणा दो।"

सूरतराम ने पहले तो सुरजा को ऊपर से नीचे तक देखा। तन पर ढंग का कपड़ा नहीं और चला है पक्का मकान बनवाने। सूरतराम जल्दी में था। उसे कहीं जाना था। उसने हँसकर सुरजा को टाल दिया, "आज तो टेम ना है, फिर बात करेंगे।"

सुरजा ने हार नहीं मानी। सुबह ही वह मुँहअँधेरे निकल पड़ा था। पास के गाँव में साबिर मिस्तरी था। पुराना कारीगर। सुरजा ने उसे अपने आने का मकसद बताया। साबिर मान गया था, "ठीक है, मैं कल आके देख लूँगा। अपना मेहनताना पेशगी लूँगा।"

"ठीक है मिस्तरी जी। कल आ जाओ...जोहड़ पे ही म्हारा घर है," सुरजा अपनी खुशी छिपा नहीं पा रहा था। लौटते समय उसके पाँव जमीन पर नहीं पड़ रहे थे। कमजोर शरीर में भी जैसे स्फूर्ति भर गई थी।

जब तक वह लौटकर घर पहुँचा, ईंटें आ चुकी थीं। लाल-लाल ईंटों को देखकर सुरजा अपनी थकावट भूल गया था। वह उल्लास से भर उठा था। उसने ऐसी खुशी इससे पहले कभी महसूस ही नहीं की थी।

जोहड़ पार ईंटें उतरती देखना गाँव के लिए किसी आश्चर्य से कम नहीं था। पूरे गाँव में जैसे भूचाल आ गया था। गाँव के कई लोग जोहड़ के किनारे खड़े थे।

रामजीलाल कीर्तन सभा का प्रधान था। रविदास जयन्ती पर रात-भर कीर्तन चलता था। भीड़ में वह भी खड़ा था। जब उससे रहा नहीं गया तो चिल्लाकर बोला, "अबे, ओ! सुरजा...यो इन्टे कोण लाया है?"

सुरजा ने उत्साहित होकर कहा, "अजी बस, म्हारा कल्लण पक्का घर बणवा रिया है।"

रामजीलाल की आँखें फटी की फटी रह गईं। अपने भीतर उठते ईर्ष्या-द्वेष को दबाकर उसने कहा, "यो तो चोखी बात है सुरजा...पर पक्का मकान बणवाने से पहले परधान जी से तो पूछ लिया था या नहीं?"

रामजीलाल की बात तीर की तरह सुरजा के सीने में उतर गई। उसे लगा, जैसे कोई सूदखोर साहूकार सामने खड़ा धमकी दे रहा है। गुस्से पर काबू पाने का असफल प्रयास करते हुए सुरजा गुर्राया, "परधान से क्या पूछणा?"

"फेर भी पूछ तो लेणा चाहिए था," कहकर रामजीलाल तो चला गया लेकिन सुरजा को संशय में डाल गया था।

रामजीलाल सीधा प्रधान के पास पहुँचा। जोहड़ पार के हालात नमक-मिर्च लगाकर उसने प्रधान बलराम सिंह के सामने रखे। बलराम सिंह ने उस वक्त कोई प्रतिक्रिया जाहिर नहीं की। सिर्फ सिर हिलाकर मूँछों पर हाथ फेरता रहा। प्रधान भी घाघ था। वह रामजीलाल की फितरत से वाकिफ था। उसके चले जाने के बाद वह कुछ गमगीन-सा हो गया था। सुरजा बल्हार पक्का मकान बनवा रहा है, यह बात उसे बेचैन करने के लिए काफी थी। वैसे भी सुरजा गाँव के लिए अब उतना उपयोगी नहीं था।

यह खबर पूरे गाँव में फैल गई थी, जोहड़ पार बल्हारों का पक्का मकान बन रहा है। रेलवे की कमाई है, ईंटों का ट्रक आ गया है। सीमेंट,

रेत, बजरी, सरिये आ रहे हैं। बात फैलते-फैलते इतनी फैल गई कि मकान नहीं गाँव की छाती पर हवेली बनेगी। खिड़की-दरवाजों के लिए सागौन की लकड़ी आ रही है, सुना है रंगीन संगमरमर के टाइल भी आ रहे हैं। जितने मुँह उतनी बातें।

अगले दिन सुबह ही प्रधान का आदमी आ धमका था जोहड़ के किनारे। सुरजा को मन मारके उसके साथ जाना पड़ा।

सुरजा को देखते ही बलराम सिंह चीखा, "अंटी में चार पैसे आ गए तो अपनी औकात भूल गया। बल्हारों को यहाँ इसलिए नहीं बसाया था कि हमारी छाती पर हवेली खड़ी करेंगे...वह जमीन जिस पर तुम रहते हो, हमारे बाप-दादों की है। जिस हाल में हो...रहते रहो...किसी को एतराज नहीं होगा। सिर उठा के खड़ा होने की कोशिश करोगे तो गाँव से बाहर कर देंगे।"

बलराम सिंह का एक-एक शब्द बुझे तीर की तरह सुरजा के जिस्म को छलनी-छलनी कर गया था। सुरजा की आँखों के सामने जिन्दगी के खट्टे-मीठे दिन नाचने लगे। जैसे कल ही की बात हो। क्या नहीं किया सुरजा ने इस गाँव के लिए, और बलराम चुनाव के दिनों में एक-एक वोट के लिए कैसे मिन्नतें करता था, तब सुरजा बल्हार नहीं, सुरजा ताऊ हो जाता था। सुरजा ने एक सर्द साँस छोड़ी। बिना कोई जवाब दिए वापस चल दिया। बलराम सिंह ने आवाज देकर रोकना चाहा। लेकिन वह रुका नहीं। बलराम सिंह की चीख अब गालियों में बदल गई, जो बाहर तक सुनाई पड़ रही थी।

घर पहुँचते ही सुरजा ने कल्लन से कहा, "तू सच कहवे था कल्लू... यो गाँव रहणे लायक ना है।" उसकी लम्बी मूँछें गुस्से में फड़फड़ा रही थीं। आँखों के कोर भीगे हुए थे।

"बापू, अभी भी कुछ नहीं बिगड़ा...ये ईंटें तो कोई भी खरीद लेगा, ये मकान बनने नहीं देंगे," कल्लन ने सुरजा को समझाने की कोशिश की। लेकिन सुरजा ने भी जिद पकड़ ली थी, वह झुकेगा नहीं। जो होगा देखा जाएगा। उसने मन ही मन दोहराया।

"ना, बेट्टे, मकान तो ईब बणके रहवेगा...जान दे दूँगा, पर यो गाँव छोड़के ना जाऊँगा," सुरजा ने गहरे आत्मविश्वास से कहा।

कल्लन अजीब-सी दुविधा में फँस गया था। भावावेश में आकर वह ईंटें तो ले आया था, पर गाँव के हालात देखकर उसे डर लग रहा था। कहीं कोई बावेला न उठ खड़ा हो। पत्नी सरोज और बेटी सलोनी साथ आ गए थे। लेकिन सलोनी को यहाँ आते ही बुखार हो गया था। सरोज के पास जो दो-चार गोलियाँ थीं, वे दे दी थीं सलोनी को। लेकिन बुखार कम नहीं हुआ था। सरोज का मन घबरा रहा था। वह लगातार कल्लन से जाने की जिद कर रही थी, "बेकार यहाँ मकान पर पैसा लगा रहे हो। सन्तो हमारे संग रहेगी। बापू को समझाओ।" लेकिन कल्लन सुरजा को समझाने में असमर्थ था। उसने सरोज से कहा, "अब, आखिरी बखत में बापू का जी दुखाना क्या ठीक होगा?" सरोज चुप हो गई थी।

सुरजा ने रात-भर जागकर ईंटों की रखवाली की थी। एक पल के लिए भी आँखें नहीं झपकी थीं। सुबह होते ही वह साबिर मिस्तरी को बुलाने चल दिया था। सुरजा को डर था, कहीं कोई उसे उलटी-सीधी पट्टी न पढ़ा दे, उसे अब किसी पर भी विश्वास नहीं था।

सलोनी का बुखार कम नहीं हो रहा था। सरोज ने कल्लन से किसी डॉक्टर को बुलाने के लिए कहा। गाँव-भर में सिर्फ एक डॉक्टर था। कल्लन उसे ही बुलाने के लिए चल दिया।

कल्लन को देखते ही डॉक्टर ने मना कर दिया। सामान्य पूछताछ करके कुछ गोलियाँ पुड़िया में बाँधकर दे दी। कल्लन ने बहुत मिन्नतें कीं, "डॉक्टर साहब, एक बार चल के तो देख लो?" डॉक्टर टस से मस नहीं हुआ। कल्लन ने कहा, "मरीज को यहीं आपके क्लीनिक में लेकर आ जाता हूँ।"

"नहीं...यहाँ मत लाना...कल से मेरी दुकान ही बन्द हो जाएगी। यह मत भूलो तुम बल्हार हो," डॉक्टर ने साफ-साफ चेतावनी दी, "ये दवा उसे खिला दो, ठीक हो जाएगी।"

कल्लन निराश लौट आया था। डॉक्टर ने जो गोलियाँ दी थीं, वे भी असरहीन थीं। बुखार से बदन तप रहा था। तेज बुखार के कारण वह लगातार बड़बड़ा रही थी। सन्तो उसकी सेवा-टहल में लगी थी। एक मिनट के लिए भी वहाँ से नहीं हटी थी। सरोज की चिन्ता बढ़ रही थी। उसके मन में तरह-तरह की शंकाएँ उठ रही थीं।

सुरजा सुबह का गया दोपहर बाद लौटा था थका-हारा, हताश। उसे इस हालत में देखकर कल्लन ने पूछा, "क्या हुआ बापू?" सुरजा ने निढाल स्वर में कहा, "होणा क्या था? मिस्तरी कहीं दूर रिश्तेदारी में गया है। दस-पन्द्रह दिन बाद आवेगा...बेट्टे! मुझे ना लगे इब वो आवेगा।" सुरजा ने अपने मन की हताशा जाहिर की।

"क्यों, बापू, हम तो उसकी मेहनत का पैसा उसे पेशगी दे रहे थे, फिर भी वह मुकर गया," कल्लन ने ताज्जुब जाहिर किया।

"गाँव के ही किसी ने उसे रोका होगा...साबिर ऐसा आदमी तो ना है... वह भी इनसे डर गिया दिक्खे," सुरजा ने गहरे अवसाद में डूबकर कहा। दोनों गहरी चिन्ता में डूब गए थे।

"सलोनी का जी कैसा है?" सुरजा ने पूछा।

"उसकी तबीयत ज्यादा ही बिगड़ गई है। अस्पताल ले जाना पड़ेगा," कल्लन ने चिन्ता व्यक्त की।

"किसी झाड़-फूँकवाले कू बुलाऊँ...कहीं कुछ ओपरा ना हो?" सुरजा ने मन की शंका जताई।

"नहीं, बापू...मैं कल सुबह ही उसे लेकर शहर जाऊँगा। बस, आज की रात ठीक-ठाक कट जाए," कल्लन के स्वर में गहरी पीड़ा भरी हुई थी। सुरजा ने उसे ढाढ़स बँधाया।

पूरी रात जागते हुए कटी थी। सलोनी की तबीयत बहुत ज्यादा बिगड़ गई थी। सुबह होते ही कल्लन ने सलोनी को पीठ पर लादा। उसके इर्द-गिर्द ठीक से कपड़ा लपेटा। सरोज साथ थी। वे धूप चढ़ने से पहले शहर पहुँच जाना चाहते थे।

शहर गाँव से लगभग आठ-दस किलोमीटर दूर था। आने-जाने का कोई साधन नहीं था। कल्लन ने गाँव के सम्पन्न चमारों से बैलगाड़ी माँगी थी, लेकिन बल्हारों को वे गाड़ी देने को तैयार नहीं थे।

पीठ पर लादकर सलोनी को ले चलना कठिन हो रहा था। वह बार-बार पीठ से नीचे की ओर लुढ़क रही थी। कल्लन की पत्नी सहारा देते हुए उसके पीछे-पीछे चल रही थी। वे जल्दी से जल्दी शहर पहुँचना चाहते थे। लेकिन रास्ता काटे नहीं कट रहा था।

जैसे-जैसे धूप चढ़ रही थी, सलोनी का जिस्म निढाल हो रहा था। उसकी साँसें धीमी पड़ गई थीं। शहर लगभग आधा किलोमीटर दूर रह गया था।

अचानक कल्लन को लगा जैसे सलोनी का भार कुछ बढ़ गया है। बुखार से तपता जिस्म ठंडा पड़ गया था। उसने सरोज से कहा, "देखो तो सलोनी ठीक तो है।"

सलोनी के शरीर में कोई स्पन्दन ही नहीं था। सरोज दहाड़ मारकर चीख पड़ी थी, "मेरी बेटी को क्या हो गया...देखो तो यह हिल क्यों नहीं रही।" उसने रोते हुए कहा।

कल्लन ने सलोनी को पीठ से उतारकर सड़क के किनारे लिटा दिया था। वह हताश ठगा-सा खड़ा था। उसके अन्तस में एक हड़कम्प-सी मच गई थी। दस वर्ष की जीती-जागती सलोनी उसके हाथों में ही मुर्दा जिस्म में बदल गई थी। सब कुछ आँखों के सामने घटा था। वे जोर-जोर से चीखकर रो रहे थे। रास्ता सुनसान था। उनकी चीखें सुननेवाला भी कोई दूर-दूर तक नहीं था। वे काफी देर इसी तरह बैठे रोते रहे। उन्हें सूझ ही नहीं रहा था—क्या करें। सड़क किनारे कच्चे रास्ते पर सलोनी के शव को लिये वे तड़प रहे थे। काफी देर बाद एक व्यक्ति शहर की ओर से आता दिखाई पड़ा। उन्हें उम्मीद की एक झलक दिखाई दी। शायद आनेवाला उनकी कोई मदद करे।

राहगीर क्षण-भर उनके पास रुका। लेकिन बिना कुछ कहे, आगे बढ़ गया। शायद उसने उन्हें पहचान लिया था। उसी गाँव का था। कल्लन को लगा इनसान की 'जात' ही सब कुछ है।

आखिर वे उठे और बेटी का शव कन्धों पर रखकर गाँव की ओर लौट चले। कन्धों पर जितना बोझ था, उससे कहीं ज्यादा बोझ उनके भीतर समाया हुआ था। सलोनी के बचपन की किलकारियाँ रह-रहकर उनकी स्मृतियों में कुलाँचे भर रही थीं। भारी मन से वे सलोनी का शव उठाए गाँव की ओर बढ़ रहे थे। रास्ता जैसे खत्म ही नहीं हो रहा था। जितना समय शहर के पास पहुँचने में लगा था, उससे ज्यादा गाँव पहुँचने में लग रहा था। सरोज का हाल बहुत ही चिन्ताजनक था। वह सिर्फ घिसट रही थी। टूट तो कल्लन भी गया था लेकिन किसी तरह स्वयं को सँभाले हुए था। सरोज अधमरी-सी हो गई थी। उससे चला नहीं जा रहा था।

सुरजा ने उन्हें दूर से ही देख लिया था। पहचाना तो उन्हें पास आने पर ही। लेकिन दूर से आती आकृतियों को देखकर उसने अन्दाज लगा लिया था। वे जिस तरह सलोनी को ला रहे थे, देखकर उसका माथा ठनका। वह घर से

निकलकर सड़क तक आ गया था। सलोनी का शव देखकर वह स्वयं को नहीं सँभाल पा रहा था। वह तपड़ उठा था। जमीन पर दोहत्थड़ मार-मारकर वह रोने लगा था। कल्लन की आँखों से भी बेतहाशा आँसू बह रहे थे। उनका रोना-धोना सुनकर सन्तो भी आ गई थी। उन्हें ढाढ़स बँधानेवाला कोई नहीं था।

शहर से लौटने में उन्हें वैसे ही समय ज्यादा हो गया था। किसी को बुलाने के लिए भी समय नहीं था। वे रात-भर इन्तजार करने की स्थिति में नहीं थे। कल्लन चाहता था कि शाम होने से पहले ही दाह-संस्कार हो जाए। सलोनी के शव को देखकर सरोज बार-बार बेहोश हो रही थी।

समस्या थी लकड़ियों की। दाह-संस्कार के लिए लकड़ियाँ उनके पास नहीं थीं। सुरजा और सन्तो लकड़ियों का इन्तजाम करने के लिए निकल पड़े थे। उन्होंने चमारों के दरवाजों पर जाकर गुहार लगाई थी। लेकिन कोई भी मदद करने को तैयार नहीं था। घंटा-भर भटकने के बाद भी वे इतनी लकड़ी नहीं जुटा पाए थे कि ठीक से दाह-संस्कार हो सके। घर में उपले थे। सन्तो ने कहा, "लकड़ियों की जगह उपले ही ले जाओ।"

चमारों का श्मशान गाँव के निकट ही था। लेकिन उसमें बल्हारों को अपने मुर्दे फूँकने की इजाजत नहीं थी। कल्लन की माँ के समय भी ऐसी ही समस्या आई थी। चमारों ने साफ मना कर दिया था। गाँव से बाहर तीन-चार किलोमीटर दूर ले जाकर फूँकना पड़ा था। इतनी दूर सलोनी के शव को ले जाना...लकड़ी, उपले भी ले जाने थे। सुरजा और कल्लन के अलावा कोई नहीं था, जो इस कार्य में हाथ बँटा सकता था।

बल्हारों के मुर्दे को हाथ लगाने या शवयात्रा में शामिल होने गाँव का कोई भी व्यक्ति नहीं आया था। 'जात' उनका रास्ता रोक रही थी। कल्लन ने काफी कोशिश की थी। वह रविदास मंडल, डॉक्टर अम्बेडकर युवक सभा के लोगों से जाकर मिला था। लेकिन कोई भी साथ आने को तैयार नहीं था। किसी न किसी बहाने वे सब कन्नी काट गए थे।

रेलवे कॉलोनी में 'अम्बेडकर जयन्ती' के भाषण उसे याद आने लगे थे। उसने उन तमाम विचारों को झटक दिया था। गहरी वितृष्णा उसके भीतर उठ रही थी। उसे लगा, वे तमाम भाषण खोखले और बेहद बनावटी थे।

कल्लन ने सुरजा से कहा, "बापू! और देर मत करो..." उन दोनों ने कपड़े में लिपटे सलोनी के शव को उठा लिया था। स्त्रियों के श्मशान जाने

का रिवाज बल्हारों में नहीं था। लेकिन सन्तो और सरोज के लिए इस रिवाज को तोड़ देने के अलावा कोई और रास्ता नहीं बचा था। सन्तो ने लकड़ियों का गट्ठर सिर पर रखकर हाथ में आग और हाँड़ी उठा लिये थे। पीछे-पीछे सरोज उपलों से भरा टोकरा लिये चल पड़ी थी।

इस शवयात्रा को देखने के लिए चमारिनें अपनी छतों पर चढ़ गई थीं। उनकी आँखों के कोर भीगे हुए थे। लेकिन बेबस थीं, अपने-अपने दायरे में कैद। बल्हार तो आखिर बल्हार ही थे। अपने ही नहीं, उन्हें तो दूसरों के मुर्दे भी ढोने की आदत थी...

चमारों का गाँव और उसमें एक बल्हार परिवार।

('इंडिया टुडे', 22 जुलाई, 1998)

प्रमोशन

स्वीपर से अकुशल कामगार के पद पर पदोन्नति पाकर उसके पाँव जमीन पर नहीं पड़ रहे थे। वह जैसे भारविहीन होकर हवा में तैर रहा था। एक लम्बे अरसे से वह बदलाव के लिए छटपटा रहा था। वह स्वयं को एक अवांछित व्यक्ति समझता था, जिसकी कोई अहमियत नहीं थी, लेकिन अब वह एक ऐसी जमात में खुद को महसूस कर रहा था, जिसकी एक खास पहचान थी।

छुट्टी होते ही वह तेज कदमों से लगभग दौड़ते हुए साइकिल स्टैंड तक पहुँचा था, वह चाहता था, जल्दी से जल्दी घर पहुँचकर शान्ति को यह खुशखबरी सुनाए कि अब वह स्वीपर नहीं रहा, मजदूर बन गया है।

साइकिल के पैडल पर उसके पाँव तेजी से चल रहे थे। रास्ते में पड़नेवाली दुकान से उसने थोड़ी सी मिठाई खरीद ली थी। वह चाहता था कि पूरी बस्ती में मिठाई बाँटे, लेकिन उसकी जेब में उतने रुपए नहीं थे। वह इस अहसास से ही दुखी हो गया था...काश! जेब में रुपए होते...

आँगन में दीवार के सहारे साइकिल टिकाकर वह अन्दर की तरफ लपका, जहाँ शान्ति के होने की पूरी-पूरी उम्मीद थी। वैसे भी, घर में इतने कोने नहीं थे, जहाँ शान्ति को ढूँढ़ने में ज्यादा देर लगती।

"बब्बू की माँ, ये ले, मुँह मीठा कर। मेरा प्रमोशन हो गया है।"

वह जब तक गीले हाथ अपने पल्लू से पोंछती, उसने मिठाई का एक टुकड़ा उसके मुँह में ठूँस दिया। उसे इतना खुश देखकर शान्ति एक बार अचकचा गई थी। बच्चे भी खेल छोड़कर उसके इर्द-गिर्द खड़े हो गए थे। उन्होंने इतना खुश उसे कभी नहीं देखा था। जैसे एक नया चेहरा उसके सामने खड़ा था।

उसने बच्चों के हाथ पर एक-एक टुकड़ा मिठाई का रख दिया। वह हर किसी से अपनी खुशी बाँटना चाहता था, लेकिन बच्चों को वह समझा नहीं पा रहा था कि 'प्रमोशन' क्या चीज होती है।

शान्ति के मन में काफी देर से एक सवाल खदबदा रहा था, जिसे वह चाहकर भी टाल नहीं पा रही थी। उसे डर था, कहीं उसका सवाल खुशी में कोई खलल न डाल दे। फिर भी उसने हिम्मत करके पूछ ही लिया, "अजी, इब तनख्वाह कितनी बढ़ जावेगी?"

वह अभी तक हवा में तैर रहा था। अचानक जैसे जमीन पर आ गिरा, फटी-फटी आँखों से शान्ति को देखने लगा।

"तू, हमेशा पैसों के ही बारे में सोचेगी। मान-अपमान भी तो कुछ होता है। अरी पगली, अब हम भंगी नहीं रहे। मजदूर हो गए हैं।" 'मजदूर' पर उसने कुछ ज्यादा ही जोर देकर कहा था। "देखा नहीं था...मई दिवस पर कितना लम्बा जुलूस निकला था। उसमें सब मजदूर ही मजदूर थे...कैसे-कैसे नारे लग रहे थे...इन्कलाब जिन्दाबाद...मजदूर-मजदूर भाई-भाई...अब मैं भी उस रैली में जाऊँगा...लाल झंडा उठाकर सबसे आगे चलूँगा...इन्कलाब जिन्दाबाद..." उसके भीतर गहरा आत्मविश्वास भर गया था, मानो लाल झंडे का रंग उसकी आँखों में उतर आया हो। उसने हाथ की मुट्ठी कसकर हवा में कुछ इस तरह लहराई थी कि शान्ति एक बार तो डर ही गई थी। 'इन्हें हुआ क्या है?' उसके भयभीत मन के किसी कोने में सवाल गूँजा। वह जल्दी से एक गिलास पानी ले आई। उसके हाथों में देते हुए बोली, "चाय बनाती हूँ..."

वह शान्ति को जाते हुए देख रहा था। अभी भी उसके भीतर 'इन्कलाब जिन्दाबाद...मजदूर-मजदूर भाई-भाई' का स्वर बज रहा था।

उस रात वह ठीक से सो नहीं पाया था। तरह-तरह के सपने उसे बेचैन कर रहे थे। कभी वह जुलूस में भीड़ के साथ चल रहा था, तो कभी मंच के बहुत करीब खड़ा होकर किसी मजदूर नेता का अंगारे बरसाता भाषण सुन रहा था।

सुबह होते ही वह कुछ जल्दी ही फैक्टरी पहुँच गया था। वैसे तो फैक्टरी जल्दी पहुँचने की उसकी आदत बरसों पुरानी थी। फैक्टरी आठ बजे सुबह लगती थी, लेकिन स्वीपरों को साढ़े सात बजे ही पहुँचना पड़ता था। आज वह एक स्वीपर की तरह फैक्टरी में जल्दी नहीं पहुँचा था। उसे मजदूर नेता कॉमरेड

रामऔतार पांडे का इन्तजार था। वह जल्दी से जल्दी 'लाल झंडा यूनियन' का मेम्बर बनना चाहता था, ताकि अपने मजदूर होने का सबूत दे सके।

रामऔतार पांडे कई बरसों से 'लाल झंडा यूनियन' का सचिव था। पूरी फैक्टरी में उसकी तूती बोलती थी। मध्यम कद और दुबले-पतले शरीर पर लम्बी-लम्बी घनी मूँछें और उनके पीछे छिपी हल्की-सी कुटिल मुस्कान उसे सबसे अलग कर देती थी। गेट-सभाओं में जब पांडे भाषण देता था, तो उसकी मूँछें ही थीं, जो लगातार फड़कती रहती थीं। यदि पांडे अपनी मूँछें कटाकर फैक्टरी आ जाता, तो उसे कोई पहचान नहीं सकता था।

पांडे ने उसे बधाई देते हुए कहा था, "सुरेश, हमने कहा था न कि एक दिन तुम्हें लेबर बनवा देंगे। अब कुछ पार्टी-वार्टी हो जाए।" कहते हुए उसने अपनी मूँछों पर हाथ फेरा।

वह 'लाल झंडा यूनियन' का सदस्य बन गया था। जब भी 'गेट मीटिंग' होती, वह पूरे वक्त भीड़ में खड़ा रहता था। धीरे-धीरे उसकी सक्रियता बढ़ने लगी थी। बैनर बाँधना पोस्टर चिपकाना—सारे क़ाम वह बढ़-चढ़कर करने लगा था। पांडे को भी ऐसे सदस्यों की जरूरत थी, जो बिना कहे आगे बढ़कर यूनियन के काम करें।

दरअसल, फैक्टरी में एक 'पीली यूनियन' भी अस्तित्व में आ गई थी। लाल झंडे के कई सक्रिय कार्यकर्ता टूटकर उसमें चले गए थे। इसीलिए सदस्य-संख्या पर भी भारी असर पड़ा था। सुरेश जैसे कार्यकर्ताओं की उसे जरूरत थी। सुरेश में उत्साह था। उसमें बदलाव आ रहा था स्वीपर से मजदूर बनने का।

जब वह घर पहुँचकर दिन-भर की गतिविधियों का ब्योरा शान्ति को देता, तो शान्ति कुछ परेशान-सी हो जाती थी। शुरू-शुरू में उसकी समझ में नहीं आता था, लेकिन धीरे-धीरे उसकी शंकाएँ बढ़ने लगी थीं। उसने दबे स्वर में एक-दो बार कहा भी था, "अजी, तुम भी किस चक्कर में पड़ गए हो...अपनी ड्यूटी करो और घर वापस आ जाओ...कुछ ऊँच-नीच हो गया, तो हम क्या करेंगे...?"

उसने शान्ति को डाँट दिया था, "तू हमेशा रहेगी डरपोक ही...मजदूर बने हैं, तो मजदूरों का दर्द भी तो जानना पड़ेगा...कल तक मैं एक स्वीपर था...जिसके दर्द का किसी को खयाल भी नहीं था...न वे अपने दर्द को ठीक से जानते हैं...इसीलिए वे अपना कोई संगठन भी ना बना सके हैं..."

शान्ति हैरान थी उसकी बातें सुन-सुनकर। ऐसे समय में वह चुप हो जाती थी, लेकिन उसकी बातों से खुश नहीं थी। वह उसे समझाना चाहती थी। चुप हो जाने के सिवाय उसके पास कोई रास्ता नहीं था। इसीलिए उसे अपने ऊपर खीज होने लगती थी।

पांडे के सामने भी अपने अस्तित्व का संकट आन खड़ा हुआ था। उसने कई प्रयास नए सिरे से शुरू कर दिए थे, ताकि फैक्टरी में उसका दबदबा बना रहे। जब भी वह कोई गतिविधि शुरू करता, कोई न कोई अड़चन आ जाती थी और वह तिलमिला उठता था।

इसी बीच मशीन शॉप के वर्कर मनोज जोशी की झड़प अपने अधिकारी अनवर खान से हो गई थी। बात इतनी ज्यादा बढ़ गई थी कि मनोज जोशी के निलंबन की स्थिति बन गई थी। अनवर खान ने आरोप लगाया था कि मनोज जोशी ने उसे गाली दी है और हाथापाई भी करने की कोशिश की है। पांडे को अवसर मिल गया था। मनोज जोशी उसकी यूनियन का पुराना मेम्बर था। उसने मामले को सुलझाने के बजाय इसे हवा दी थी। पीली यूनियन भी अनवर खान के खिलाफ थी, लेकिन मनोज जोशी लाल झंडे का सदस्य था, इसलिए तटस्थ थी।

पांडे ने पहले तो फैक्टरी के अन्दर ही 'टूल डाउन' शुरू करने की कोशिश की, लेकिन पीली यूनियन की ढुलमुल स्थिति और प्रशासन के प्रति नर्म रुख देखते हुए उसने गेट के बाहर धरना देने की घोषणा कर दी।

सुरेश ने धरने के लिए पंडाल बनाने में पूरी मेहनत की थी। अपनी साइकिल से दरियाँ ढोकर लाया था। उसकी तत्परता देखकर पांडे खुश था।

'धरना' शुरू होने तक सुरेश ने लगातार काम किया था। धरने में बैठनेवालों में सुरेश भी एक था। वह सबसे आगे बैठा था। पांडे ने उस रोज जबर्दस्त भाषण दिया था। पांडे का एक-एक शब्द सुरेश के जिस्म में आग उड़ेल रहा था। वह हैरानी से मंत्र-मुग्ध होकर पांडे को देख रहा था। अचानक अखबारवालों के आने से पांडे के चेहरे पर खुशी की लहर दौड़ गई थी। पंडाल में धरने पर बैठे कार्यकर्ताओं में भी खलबली-सी मच गई थी। जो सबसे पीछे बैठे थे, वे उठकर आगे आ गए थे। इस अफरा-तफरी में सुरेश एकदम पीछे हो गया था। उसकी समझ में नहीं आ रहा था कि अचानक हुआ क्या है। एक व्यक्ति पांडे और धरने पर बैठे लोगों की तस्वीरें उतार रहा था। सुरेश ने उचककर देखने

की कोशिश की, लेकिन तब तक फोटो खिंच चुकी थी। वह हैरान था। पंडाल बनाने और नारे लगाने में जो कहीं नहीं थे, फोटो के वक्त सबसे आगे आ गए थे। उस समय उसने याचना-भरी नजरों से पांडे की ओर देखा था कि शायद वे हस्तक्षेप करें लेकिन उस वक्त पांडे अपनी बड़ी-बड़ी मूँछों के पीछे पतली-सी मुस्कान बिखेरते हुए फोटोग्राफर को एक नेताई पोज देने में व्यस्त था।

सुरेश कुछ अनमना-सा हो गया था। उसे लगा, जैसे वह इस बात से कुछ परेशान हो गया है। उसने स्वयं को समझाने की कोशिश की। उसके साथ एक और वर्कर बैठा था। उसने उसी से पूछा, "फोटो खिंचाने के लिए ऐसी अफरा-तफरी क्यों मच गई थी?"

"यह शहर के सबसे बड़े अखबार 'दैनिक उजाला' का फोटोग्राफर था। ये फोटो कल के अखबार में छपेंगी..." उसने बताया।

सुरेश को लगा...काश! उसकी भी फोटो अखबार में छप जाती, तो वह शान्ति को अखबार दिखाकर कहता...देख, अब मैं स्वीपर नहीं, मजदूर हूँ। यूनियन में हूँ। अखबार में फोटो छपी है...उसे अपनी ही सोच पर हँसी आ गई। इस विचार को अपने खयाल से झटक दिया और गहरी साँस ली।

जैसे-जैसे दोपहर हो रही थी, नारे लगानेवाले सुस्त पड़ गए थे। इसीलिए नारों को टेप करके बजाया जाने लगा था।

पांडे पंडाल के एक किनारे बैठकर प्रेस-विज्ञप्ति तैयार कर रहा था। बाकी लोग गपशप में लग गए थे।

जी.एम. को ज्ञापन देने के बाद ही धरना समाप्त हो गया था। जी.एम. ने पांडे को आश्वासन दिया था कि वे मामले की तहकीकात कराएँगे।

धरना खत्म होते ही कार्यकर्ता खिसकने लगे थे। पांडे ने सुरेश को आवाज देकर बुलाया, "कॉमरेड सुरेश, पंडाल खोलकर सारा सामान यूनियन के दफ्तर में पहुँचा देना।"

'कॉमरेड' सम्बोधन सुनते ही सुरेश की रगों में खून तेजी से दौड़ने लगा। उसे 'कॉमरेड' शब्द का अर्थ ठीक से पता नहीं था। फिर भी इस शब्द को सुनकर वह यह अन्दाज लगाता था कि 'कॉमरेड' का कुछ खास मतलब है। पांडे को सभी 'कॉमरेड' कहकर ही बुलाते थे। अपने लिए उसने इस शब्द की कभी कल्पना भी नहीं की थी। उसने मन ही मन दोहराया...कॉमरेड सुरेश... उसे लगा, जैसे उसके भीतर घंटियाँ बज रही हैं।

वह और अधिक उत्साह से पंडाल खोलने में लग गया था। उसने पांडे से कहा, "आप दिन-भर के थके हुए हैं, घर जाइए। मैं यह सारा सामान यूनियन के दफ्तर में पहुँचा दूँगा।"

सारा तामझाम समेटने में उसे समय लग गया था। वह अकेला था। सभी जा चुके थे। इतने सामान को वह एक बार में नहीं ले जा सकता था। तीन-चार चक्कर उसके लग गए थे। वह थककर चूर हो गया था।

जब वह घर पहुँचा, काफी देर हो चुकी थी। शान्ति बाहर खड़ी उसकी राह देख रही थी। उसे देखते ही बोली, "अजी, कहाँ रह गए थे...इतनी देर लगा दी..."

"यूनियन का धरना था...उसी में देर हो गई," चारपाई पर निढाल लेटते हुए उसने कहा। खाना खाते वक्त शान्ति चुप थी। यह चुप्पी उसे कचोटने लगी थी। हर रोज दिन-भर की शिकायतों का पुलिन्दा इसी वक्त खुलता था, लेकिन आज मानो शान्ति के पास कोई शिकायत नहीं थी। आखिर जब उससे रहा नहीं गया, तो पूछ ही बैठा, "क्या बात है? इतनी चुप-सी क्यों हो?"

शान्ति ने जवाब नहीं दिया।

कुछ देर बाद वह स्वयं बोला, "फैक्टरी में कुछ गड़बड़ी थी। एक वर्कर का साहब से झगड़ा हो गया था। वर्कर सस्पेंड हो सकता था। इसीलिए यूनियन ने धरना दिया, ताकि साहब लोग कोई एकतरफा फैसला न कर लें।"

सुरेश ने बताना शुरू किया। वह चाहता था—तमाम बातें शान्ति को बताए, यह भी कि पांडे ने उसे 'कॉमरेड सुरेश' कहकर पुकारा, लेकिन शान्ति की खामोशी ने उसकी सोच को रोक दिया।

"धरना क्या होता है?" शान्ति ने धीमे से पूछा।

सुरेश को फिर से बोलने का सूत्र मिल गया था। उसने पूरा किस्सा सुना डाला, लेकिन शान्ति के चेहरे पर वही सवाल अभी तक था।

"अजी, कल आपके साथ कुछ ऐसा-वैसा हो जावे, तो ये लोग तब भी धरने पर बैठेंगे? आपका साथ देंगे?"

"हाँ, देंगे। मैं भी तो यूनियन का मेम्बर हूँ। मैंने अकेले पंडाल लगाया। फिर खोलकर पूरा सामान वापस पहुँचाया...उनके साथ नारे लगाए...क्यों नहीं देंगे साथ..." उसने पूरे आत्मविश्वास के साथ कहा।

"नहीं, मैं तो कहती हूँ कि तुम तो स्वीपर..." शान्ति की बात अभी पूरी भी नहीं हुई थी कि वह उखड़ गया, "स्वीपर था, अब नहीं हूँ...अब मैं मजदूर

हूँ...कामगार...मजदूर-मजदूर भाई-भाई...इन्कलाब जिन्दाबाद..." उसका स्वर तेज होने लगा था।

शान्ति चुपचाप उठी और बर्तन माँजने लगी। उसके मन में तरह-तरह की वे शंकाएँ फिर से उठने लगी थीं, जिनके समाधान वह ढूँढ़ना चाहती थी, लेकिन ढूँढ़ने का रास्ता वह नहीं जानती थी। उसके मन में किसी कोने से एक धुँधली-सी आवाज आती थी, जहाँ अविश्वास का घना कुहरा फैला हुआ था।

सुरेश को एक केमिकल प्लांट में लगाया गया था, जहाँ दो पाली चलती थी। हर एक पाली में तीस-चालीस वर्कर थे। प्रत्येक वर्कर को ढाई सौ ग्राम दूध मिलता था। इस प्लांट में उसे आए अभी एक महीना भी नहीं हुआ था।

दूध लाने की ड्यूटी हर रोज किसी न किसी वर्कर की होती थी। दूध लाना और सबको बाँटकर देना। उस रोज शिफ्ट सुपरवाइजर किशोरीलाल गौतम ने सुरेश की ड्यूटी लगाई थी। कुछ को एतराज था, लेकिन सभी चुप थे। हाँ, आपस में खुसुरफुसुर जरूर होने लगी थी। सुपरवाइजर अपने काम में व्यस्त हो गया था।

सुरेश दूध लेकर आ गया था। उसने दूध लाने के बाद सभी को आवाज देकर बता दिया था, लेकिन कहीं कोई हरकत नहीं हुई थी। और दिनों की तरह कोई दूध लेने की बेताबी नहीं दिखा रहा था। सभी अपने-अपने काम में लगे होने का दिखावा कर रहे थे।

सुरेश दूध की केन के पास खड़ा, उनके आने का इन्तजार कर रहा था। जब घंटे भर तक भी कोई दूध लेने नहीं आया, तो उसकी परेशानी बढ़ गई थी। उसकी समझ में यह नहीं आ रहा था कि वह क्या करे। ज्यादा देर होने पर दूध फट सकता था।

आखिर थक-हारकर उसने सुपरवाइजर से कहा, "साहब, दूध ले आया हूँ...लेकिन...कोई दूध ले नहीं रहा है।"

"क्यों?" सुपरवाइजर ने हैरानी से पूछा।

"पता नहीं साहब..." सुरेश कुछ नर्वस होने लगा था।

"ठीक है, तुम यहीं रुको...दूध के पास..." सुपरवाइजर ने हिदायत दी।

किशोरीलाल गौतम की भी समझ में नहीं आ रहा था कि आखिर माजरा क्या है? वह हर रोज देखता था कि दूध लेने के लिए कैसी आपाधापी मचती थी। आज अचानक क्या हो गया है? दूध के लिए होनेवाली छीना-झपटी को देख-देखकर वह तंग आ गया था, लेकिन आज तो स्थिति ही अलग थी।

उसने शिफ्ट मुकादम को बुलाया, "मिस्त्री, आज कोई भी दूध क्यों नहीं ले रहा है?"

मिस्त्री ने कोई उत्तर नहीं दिया, हाँ, धीमे से कहा, "साहब, सुरेश को यह ड्यूटी मत दीजिए।"

मशीन के शोर में सुपरवाइजर तक मिस्त्री की आवाज नहीं पहुँची। सुपरवाइजर ने अब्दुल कादिर को इशारे से बुलाया। अब्दुल कादिर सुपरवाइजर का चहेता वर्कर था। उसे एक किनारे ले जाकर उसने पूछा, "अब्दुल...दूध नहीं लेने का क्या चक्कर है?"

"साहब, जाने दो...नहीं लेते हैं, तो न ले। आपने तो मँगा दिया है, आपकी जिम्मेदारी खत्म।" अब्दुल ने भी टालने की कोशिश की।

"नहीं...लेकिन पता तो चले?" सुपरवाइजर ने जोर दिया।

"साहब, सुरेश को इस काम पर मत लगाइए," अब्दुल ने कहा।

"लेकिन क्यों?" सुपरवाइजर ने ताज्जुब से पूछा।

"अब आपको क्या बताएँ..." अब्दुल ने टालना चाहा।

"खुलकर बोलो...बात क्या है?" सुपरवाइजर ने और अधिक जोर देकर पूछा।

"साहब, आपको नहीं पता...सुरेश स्वीपर है...उसके हाथ की चीज कोई कैसे खा-पी सकता है," अब्दुल ने आखिर रहस्य खोल ही दिया।

किशोरीलाल गौतम को लगा, जैसे वर्कशाप की छत उसके सिर पर गिर पड़ी है और उसका वजूद मलबे में दब गया है। वह जैसे जोर-जोर से चीख रहा है...मुझे इस मलबे से निकालो...मेरा दम घुट रहा है।

सुरेश अभी भी दूध की रखवाली कर रहा था। एक-एक पल उसे भारी लग रहा था। 'मजदूर-मजदूर भाई-भाई' का नारा आज उसके रक्त-प्रवाह को तेज नहीं कर रहा था। उसकी आँखों के सामने एक अजीब-सा अँधेरा घिर रहा था। उसने सुपरवाइजर की ओर देखा। वह बहुत गुस्से में उसकी ओर आ रहा था। चीखकर बोला, "जाओ, उस पांडे को बुलाकर लाओ!"

('हंस', अगस्त-सितम्बर, 1997)

कूड़ाघर

आरक्षण बचाओ रैली में दिल्ली जाने के लिए उसने काफी भागदौड़ की थी। उसने सिर्फ कार्यकर्ताओं को ही तैयार नहीं किया था, स्वयं घर-घर जाकर रैली के लिए चन्दा भी इकट्ठा किया था। कार्यकर्ताओं का आने-जाने का किराया, चाय-पानी, खाना आदि के साथ-साथ संघ के राष्ट्रीय अध्यक्ष कृष्णराज को भी आर्थिक सहयोग देना जरूरी था। कृष्णराज ने पत्र में खासतौर से लिखा था—'बिना आर्थिक मदद के कोई भी संस्था अपना कार्यक्रम ठीक से नहीं चला सकती है। आपकी शाखा से सहयोग की अपील है।'

वह जब से कृष्णराज के सम्पर्क में आया था, उसे जैसे पंख लग गए थे। उसे लगने लगा था कि अब अधिकारों की लड़ाई का संघर्ष नहीं रुकेगा। कृष्णराज के भाषणों ने उसके मन में एक उम्मीद जगा दी थी। कहने को तो शाखा के मुख्य पदों पर अनेक लोग थे। लेकिन वे सभी पुरानी पीढ़ी के थके-हारे लोग थे, सारा काम उसे ही देखना पड़ रहा था।

वह एक ऐसी लड़ाई का सिपाही बन गया था जिसके फल को पाने में जितनी ताकत लगी थी, उससे ज्यादा इसे बनाए रखने में लग रही थी। इसका लाभ एक छोटे से समूह तक ही पहुँचा था, कहने को तो इक्कीस प्रतिशत तक इसका लाभ पहुँचना चाहिए था, लेकिन पहुँचानेवालों की नीयत ही साफ नहीं थी, यदि लोकतंत्र न होता, बार-बार चुनावी प्रपंच न होते तो यह एक छोटे से समूह तक जो लाभ पहुँचा है, यह भी न पहुँचता, क्योंकि इसे खत्म कर देने, या इसे लागू न करने के षड्यंत्र भी लगातार ही होते रहे हैं, दूसरी ओर हर कोई इसे पाना भी चाहता है, कल तक जो विरोध में खड़े थे, वे भी इसे पाने के लिए लालायित हैं। एक प्रधानमंत्री ने अचानक जब सत्ताईस प्रतिशत को और

देने की घोषणा कर दी थी, तो जलजला आ गया था। स्कूली छात्र जो इसका अर्थ भी नहीं जानते थे, आत्मदाह करने लगे थे। उन्हें भड़काने में राजनीतिक दलों का हाथ था।

ऐसे ही एक नाजुक दौर में एक बड़े राज्य के विघटन और अलग राज्य की माँग का जन्म भी इसी के विरोध से शुरू हुआ था। उन दिनों के नारे घृणा और द्वेष से भरे होते थे। लोगों में जातीय उन्माद शिखर पर पहुँच गया था।

ऐसे ही मूल्यांकन और खतरनाक मसले के समाधान के लिए कृष्णराज ने राजधानी में रैली का आयोजन किया था। कृष्णराज का नया-नया उदय हुआ था इस क्षेत्र में। उसने तीन संस्थाओं का गठन एक साथ किया था। तीनों के नाम अलग थे। उद्देश्य अलग थे, लेकिन एजेंडा एक ही था। जिसके लिए रैली का आयोजन किया गया था। रैली में जो भीड़ जुटी थी, उसका प्रभाव सरकारी तंत्र पर नहीं पड़ा था। कृष्णराज कुछ कार्यकर्ताओं को लेकर प्रधानमंत्री को ज्ञापन देने के लिए उनके कार्यालय के पास पहुँचकर नारेबाजी करने लगा था, सुरक्षाकर्मियों ने उन्हें हटाने के प्रयास किए, लेकिन असफल रहे, काफी जद्दोजहद के बाद प्रधानमंत्री कार्यालय का एक सहायक बाहर आया, उसने आते ही कृष्णराज को डाँट पिलाई, "ये क्या शोर है?...कौन हैं आप लोग?..."

कृष्णराज ने ज्ञापन उसकी ओर बढ़ाया, ज्ञापन देखते ही सहायक भड़क उठा, "ऐसे कागज सैकड़ों की संख्या में रोज आते हैं...आरक्षण चाहिए (व्यंग्य से)...जो मिल रहा है उसे मेहरबानी समझो..." ज्ञापन लेकर वह अन्दर चला गया था। कृष्णराज ने स्वयं को बहुत अपमानित महसूस किया। वह तो इस उम्मीद में आया था कि प्रधानमंत्री उसे अन्दर बुलाएँगे। भेंट होगी। लेकिन ऐसा कुछ भी नहीं हुआ। उलटे उस मामूली से सहायक ने अपमानजनक शब्दों से उसे निराश कर दिया था। उसने फिर से नारेबाजी शुरू कर दी थी।

शाम होने तक उनके साथ आए कार्यकर्ता भी खिसकने लगे थे। उसने सभा समाप्त करने से पहले कार्यकर्ताओं से कहा, "हमारी लड़ाई अभी खत्म नहीं हुई है। और ज्यादा ताकत हमें जुटानी होगी। हमें सड़क पर उतरना होगा।"

कार्यकर्ताओं की उस भीड़ में वह भी था। जो पच्चीस-तीस कार्यकर्ताओं के साथ रैली में आया था। वे सब तो इधर-उधर खिसक गए थे। लेकिन वह कृष्णराज से बात करने का मौका ढूँढ़ रहा था, जो सुबह से अभी तक उसे

नहीं मिला था। धीरे-धीरे भीड़ कम हो गई थी। मौका पाकर उसने मन की बात कही, "कृष्णराज जी मैं अपने नगर के दलित कर्मचारियों की समस्याएँ आपके सामने रखना चाहता हूँ..."

वह अभी अपनी बात पूरी भी नहीं कर पाया था, कृष्णराज ने लगभग फटकारते हुए कहा, "अजब सिंह तुम लोग कब समझोगे। हम लोग यहाँ पूरे देश की समस्या के लिए संघर्ष कर रहे हैं। तुम्हें अपने शहर की पड़ी है। स्थानीय समस्याओं को तुम लोग अपने आप सुलझाओ। हम यहाँ प्रधानमंत्री का ध्यान आकर्षित करने आए थे...अब तुम लोग वापस जाओ। जल्दी ही सेंट्रल कोर्डिनेशन कमेटी का दिशा-निर्देश आप लोगों को मिलेगा, आगे क्या करना है। इस बार बोट क्लब पर रैली होनी चाहिए पन्द्रह-बीस लाख लोगों की। ताकि संसद में बैठे लोगों तक गूँज पहुँचे..."

कृष्णराज की तकरीर के बाद सब अपने-अपने नगर, कस्बों की ओर लौट गए थे। अजब सिंह भी बस अड्डे की ओर चल दिया था। सुबह से उसने कुछ भी खाया नहीं था। एक समर्पित कार्यकर्ता की तरह रैली को सफल करने में जुटा था। उसने कृष्णराज के बनाए क्लब की यूनिफार्म पहन रखी थी। जेब में लगे पैन पर भगवान बुद्ध की तस्वीर लगी थी। जेब में बाबा साहब की फोटोवाला पॉकेट कैलेंडर भी था। और सीने में थी 'शिक्षित बन, संगठित हो, संघर्ष करो' की हुंकार।

दिल्ली बस अड्डे पर पहुँचते ही सबसे पहले उसने कुछ खा-पी लेना चाहा। बस अड्डे के एक ढाबे पर उसने दाल-रोटी का ऑर्डर दिया। भूख के बावजूद उसने बेमन से रोटी खाई। वह अजीब-सी उलझन में फँस गया था। उसकी बेचैनी लगातार बढ़ रही थी। रोटी का कौर गले से नीचे नहीं उतर रहा था। वह ठीक से समझ नहीं पा रहा था कि जिस उत्साह के साथ वह रैली में हिस्सा लेने अपने कार्यकर्ताओं के साथ आया था, वह उत्साह अचानक नैराश्य में क्यों बदल रहा था। उसे लग रहा था कि वह खाली हाथ वापस जा रहा है। कहीं वह और उसके साथी सिर्फ सीढ़ी भर तो नहीं हैं...वह अपने शहर में जाकर उन लोगों को क्या बताएगा जिनसे चन्दा एकत्र कर 'आरक्षण बचाओ रैली' में हिस्सा लेने आया था। वे जब सवाल करेंगे तो वह क्या बताएगा... प्रधानमंत्री को ज्ञापन दिया?...प्रधानमंत्री ने क्या कहा?...प्रोन्नति में आरक्षण रहेगा?...सभी कार्यालयों में रोस्टर प्रणाली लागू होगी? अधिकारियों की सोच

में बदलाव आएगा...सरकार ने क्या योजना बनाई है? खाली पड़ी सीटों को कब तक भरा जाएगा? ऐसे अनेक सवाल अजब सिंह के दिमाग में उछल-कूद मचा रहे थे। अजब सिंह की उलझनें बढ़ती ही जा रही थीं।

रात 10.30 बजे अजब सिंह को बस मिली थी। देहरादून जाने के लिए यह आखिरी बस थी। बस में ज्यादा भीड़ नहीं थी। उसे खिड़की के पास जगह मिल गई थी। सीट पर बैठते ही उसे थकान महसूस हुई। उसने सामनेवाली सीट के नीचे पाँव फैलाकर शरीर को ढीला छोड़ दिया था। अपने आपको आरामदायक स्थिति में लाकर आँखें मूँद ली थीं। बस अड्डे का शोर धीरे-धीरे गहरी रात में विलीन होने लगा था।

ड्राइवर ने सीट पर बैठते ही इंजिन स्टार्ट कर दिया था। इंजिन की घरघराहट से उसकी आँखें अपने आप खुल गई थीं। वह सीधा होकर बैठ गया था।

बस अड्डे से बाहर निकलते ही ड्राइवर ने बस की स्पीड बढ़ा दी थी। उसने फिर से आँख बन्द कर सोने की कोशिश की। अभी आँखें बन्द किए पाँच-दस मिनट भी नहीं बीते थे कि कंडक्टर ने वीडियो चालू कर दिया था। उसने आँखें खोली। सामने टीवी स्क्रीन पर एक अर्द्धनग्न युवती थिरक रही थी। नायक-नायिका की कामसूत्रीय मुद्राएँ और भीड़ के बीच पूरे साजो-सामान के साथ गाने, मारपीट, चीख-पुकार, धमाके...उसे और ज्यादा बेचैन कर रहे थे। उसने फिल्म से ध्यान हटाकर फिर से सोने की कोशिश की। लेकिन फिल्म के शोर में वह सो नहीं पा रहा था। उसे गुस्सा आने लगा था। लेकिन यह गुस्सा किस पर था...कंडक्टर पर जिसने कैसेट लगाया या फिल्मवालों पर...कुछ देर वह स्वयं ही इस गुस्से से लड़ता रहा। उसने फिल्म से ध्यान हटाकर फिर सोने का प्रयास किया। लेकिन नींद गायब थी। उसके मस्तिष्क में रैली और आरक्षण फिर से घूमने लगे थे।

उसे वे दिन याद आने लगे थे जब पब्लिक स्कूलों के छात्रों ने जुलूस निकाला था आरक्षण विरोध में। जबकि इन स्कूलों में आरक्षित कोटे के बच्चों का तो दूर मध्यवर्गीय परिवारों के बच्चों के लिए भी कोई जगह नहीं थी। इन पब्लिक स्कूलों की ख्याति देश भर में है। इन स्कूलों ने किन दबावों के तहत जुलूस निकाला था, वह नहीं जानता था। उसी जुलूस में उसने एक अपने प्रगतिशील मित्र को भी देखा था जो जोड़-तोड़ करके एक बड़े पब्लिक स्कूल में टीचर हो गया था। स्कूल से बाहर कल तक वह आरक्षण समर्थक था। नौकरी

पाते ही विरोधी बन गया था। अखबारों ने इस जुलूस के समाचार प्रमुखता से छापे थे। एक स्थानीय समाचार-पत्र ने राष्ट्रपति के नाती का फोटो भी छापा था, जो उस जुलूस में शामिल था। जबकि वह बच्चा यह भी नहीं जानता था कि आरक्षण होता क्या है। अखबार ने यह छापकर लोगों को सन्देश देने की कोशिश की थी कि देखो राष्ट्रपति के परिवारजन भी आरक्षण का विरोध कर रहे हैं।

उसके कई मित्र जो क्रान्तिकारी संगठनों में थे, उन दिनों वे भी आरक्षण विरोधी हो गए थे। वे दिन जब भी उसे याद आते हैं, उसकी कनपटियाँ गर्म होने लगती हैं। कितने तनाव-भरे दिन थे वे। जगह-जगह एक ही बहस थी आरक्षण-आरक्षण...और आरक्षण।

उसे अपने कार्यालय में होनेवाली साजिश व्यथित कर गई थी, जहाँ संवैधानिक नियमों को खुल्लमखुल्ला ताक पर रखकर नए पदों की नियुक्तियों में धाँधलियाँ हो रही थीं। सामान्य श्रेणी के अभ्यर्थी छह महीने पहले ज्वाइन कर रहे थे और आरक्षित छह महीने बाद। जबकि दोनों को एक ही दिन ज्वाइन करने के आदेश थे। लेकिन आरक्षित अभ्यर्थियों को बाद में पत्र भेजे जा रहे थे। यानी सीधे-सीधे दलित अभ्यर्थी का छह महीने की तनख्वाह नहीं देना।

उसकी सोच में एक-एक घटना तीखे नश्तर चुभो रही थी। उसे लग रहा था जैसे वह एक ऐसे भँवर जाल में उलझ गया है जिससे बाहर आने का रास्ता वह नहीं जानता है। वह जितना सोचने की कोशिश करता उसकी चेतना उतनी ही ज्यादा उसे बेचैनी भर रही थी। उसे लग रहा था आरक्षण का मसला उसकी तमाम शक्ति चट कर जाएगा। उसके जैसे हजारों कार्यकर्ता इस चक्रव्यूह में फँस गए थे। कभी-कभी उसे लगता कि इस पॉलिसी को अब खत्म कर देना चाहिए। लेकिन दूसरे ही पल सिक्के का दूसरा पहलू उसके सामने अपने नग्न रूप में साकार हो उठता था। आरक्षण खत्म होते ही उन्हें नौकरियाँ नहीं मिलेंगी। इसका जीता-जागता प्रमाण वे संस्थान हैं जहाँ संवैधानिक आरक्षण लागू नहीं है, वहाँ दलितों का प्रतिशत कितना है?

बस अपनी पूरी रफ्तार से दौड़ रही थी। अजब सिंह के मन में भी विचारों की हलचल उतनी ही तीव्रता से जारी थी। लगातार ऐसे सवाल उठ रहे थे जिनके उत्तर वह पाना चाहता था। आजादी के बाद परिवर्तन की जो राह खुलती नजर आ रही थी, वह धूमिल पड़ चुकी थी। घृणा और द्वेष रूप बदलकर सामने खड़े थे।

इन तमाम सवालों में फँसकर उसने अपना ध्यान टीवी स्क्रीन पर चल रही फिल्म से तो हटा लिया था, लेकिन नींद का कहीं अता-पता नहीं था।

खतौली चित्तल पर बस रुक गई थी। नींद की खुमारी के कुनमुनाते यात्री बस से बाहर आ गए थे। गंग नहर से आती ठंडी हवाएँ गुदगुदा रही थीं। उसने काउंटर से एक कप चाय ली और एक किनारे खड़े होकर चाय पीने लगा। चाय की चुस्कियों के साथ जिस्म में गर्मी का अहसास उतरने लगा था। चाय पीकर वह वापस बस में आकर बैठ गया था। ज्यादातर सवारियाँ अभी नीचे ही थीं। उसने आँखें मूँदकर फिर से सोने की कोशिश की?

फिल्म कैसेट में खराबी आ गई थी। कंडक्टर ने टीवी ऑफ कर दिया था। मुख्य सड़क पर आते ही बस ने रफ्तार पकड़ ली थी। ड्राइवर ने बस के अन्दर की सभी बत्तियाँ बन्द कर दी थीं। अजब सिंह ने कुछ राहत महसूस की। नींद का सुरूर उस पर छाने लगा था।

सुबह चार बजे बस देहरादून पहुँची थी। अक्टूबर के पहले सप्ताह की ठंडक सर्दी के आने की सूचना देने लगी थी। उसने गले का बटन बन्द कर लिया था। बस अड्डे पर ज्यादा चहल-पहल नहीं थी। बस से उतरते ही तिपहिया चालकों ने सवारियों को घेर लिया था। उनके घेरे से बाहर आकर गेट के पास खोके पर उसने चाय पी। उसे घर पहुँचने की ज्यादा जल्दी नहीं थी। घर जल्दी पहुँचकर वह बच्चों की नींद खराब करना नहीं चाहता था। दरवाजे की कॉलबेल बजते ही छुटकी की नींद टूट जाएगी फिर न वह सोएगी, न किसी को सोने देगी।

रात-भर की उबली चाय ने मुँह का स्वाद ही बिगाड़ दिया था। लेकिन गर्म चाय की चुस्कियों ने जिस्म को थोड़ी राहत दी थी। एक तो नींद की खुमारी, दूसरे सुबह की हल्की ठंड। चाय पीकर वह पैदल ही चल पड़ा था।

एनामुल्ला बिल्डिंग का रास्ता लगभग सुनसान ही था। तहसील चौराहे के पास गौरव होटल की बत्तियाँ जगमगा रही थीं। गेट के पास चौकीदार ऊँघ रहा था। डी.एस.ओ. ऑफिस से थोड़ा आगे बढ़ते ही देशी शराब की तेज गन्ध उसकी साँसों में घुस गई थी। उसने हाथ से ही नाक-मुँह बन्द कर लिए थे। साँस रोककर उसने रास्ता पार किया था शराब गोदाम के सामने से। शराब का यह गोदाम उतना ही पुराना था जितना यह शहर। सुबह की ताजा हवा में शराब की गन्ध तेज धारवाले किसी औजार की तरह उसे छील रही थी।

खुशीराम लाइब्रेरी तक इस गन्ध ने उसका पीछा किया था। शिवालिक के पास खड़े होकर उसने लम्बी-लम्बी कई साँस छोड़ी। ताजा हवा को फेफड़ों में भरकर वह इस गन्ध से निजात पाना चाहता था।

दर्शनलाल चौराहा पार करते ही उसका सामना फिर से एक तेज गन्ध से हुआ। चौराहे के पास कूड़ाघर के निकट से गुजरते हुए उसे लगा जैसे उसका दम घुट जाएगा। उसने मुँह-नाक पर रूमाल रखकर दौड़ने का प्रयास किया। लेकिन बदबू उसके भीतर घुस गई थी। उसे लगा पेट के अन्दर से सब कुछ बाहर आ जाएगा। उसने अपने आप पर काबू रखकर रफ्तार बढ़ाने की कोशिश की। लेकिन बदबू तो जैसे उसके रोम-रोम में भर गई थी। जिसके कारण वह चल भी नहीं पा रहा था। वह सड़क के किनारे बैठ गया था। उसे लगा जैसे वह उल्टी कर देगा।

उसने उठकर चलने की कोशिश की लेकिन जैसे वह शक्तिहीन हो गया था। बड़ी मुश्किल से वह परेड ग्राउंड के रायपुर बस अड्डे तक पहुँचा था। परेड ग्राउंड की खुली हवा में साँस लेते हुए उसने राहत महसूस की। ग्राउंड के बीच से शार्टकट लेते हुए, वह दून क्लब की ओर बढ़ा, परेड ग्राउंड में इक्का-दुक्का लोग दिखाई देने लगे थे। परेड से निकलकर अब वह दून क्लब के गेट से होते हुए सर्वे चौक की ओर चल पड़ा था।

सर्वे चौक की पुलिस चौकी अँधेरे में डूबी हुई थी। पीछे के नल पर एक सिपाही खुले में नहा रहा था। उसके नहाने की क्रिया सुबह की खामोशी को तोड़ रही थी।

जब वह घर पहुँचा तो घर की बत्ती जलते देखकर उसे लगा सुमित्रा जाग रही है। उसने धीमे से दस्तक दी, ताकि बच्चों की नींद में कोई खलल न पड़े। पहली दस्तक पर ही सुमित्रा ने धीमे से पूछा, "कौन?"

"मैं हूँ...सुमित्रा दरवाजा खोलो," अजब सिंह ने अपना स्वर काफी धीमा रखा था। सुमित्रा ने दरवाजा खोला। अन्दर आकर अजब सिंह ने बेडरूम में झाँका। "बच्चे सोए हैं? तुम जाग रही थी?" अजब सिंह ने सवाल किए।

सुमित्रा हल्की-सी 'हूँ' करके रसोई की ओर बढ़ गई, "चाय बनाती हूँ।"

सुमित्रा की 'हूँ' से अजब सिंह कुछ परेशान-सा हो गया था। वह खामोशी से सुमित्रा के आने का इन्तजार करने लगा।

चाय का गिलास उसके हाथ में थमाते हुए सुमित्रा ने सवाल किया, "कैसी रही रैली?"

अजब सिंह ने चाय का गर्म घूँट गले से नीचे उतारते हुए कहा, "सब अपने-अपने रास्ते ढूँढ़ रहे हैं..." अजब सिंह के अन्तर्मन में जो कुनमुना रहा था, वह फूटकर बाहर आने के लिए मचल उठा था। सुमित्रा ने हैरानी से उसकी ओर देखा। "क्या हुआ?...ऐसे क्यों कह रहे हो? कुछ निराश लग रहे हो?" सुमित्रा ने पूछा।

"कुछ भी समझ में नहीं आ रहा है...किसे दोष दें," अजब सिंह ने गहरी वेदना से कहा। वह अपने भीतर उठते अन्तर्द्वन्द्व से जूझ रहा था। सुमित्रा की ओर देखते हुए बोला, "तुम कुछ परेशान लग रही हो? क्या बात है?"

सुमित्रा कुछ सोच नहीं पा रही थी, बात कहाँ से और कैसे शुरू करे। अभी-अभी तो थके-हारे लौटे हैं। कई रातों के जागे हुए। पता नहीं कुछ खाया-पिया भी है या नहीं। कुछ देर चाय के गिलास की गर्मी अपनी उँगलियों में महसूस करती रही। उसे चुप देखकर अजब सिंह और ज्यादा परेशान हो गया था। उसे कुरेदते हुए बोला, "जवाब नहीं दिया...इतनी गुमसुम क्यों हो?"

"कुछ नहीं है...थोड़ी देर सो जाओ...दफ्तर जाओगे?" सुमित्रा ने बात टालने के उद्‌देश्य से कहा।

"हाँ, दफ्तर तो जाना ही है...जरा देर से जाऊँगा..." अजब सिंह ने कहा। उसकी दुश्चिन्ताएँ बढ़ने लगी थीं। उसे लगा सुमित्रा कुछ छिपा रही है। वह गहरी सोच में डूब गया। सुमित्रा अभी भी चाय के गिलास को दोनों हथेलियों से दबाए बैठी थी। उसने गौर से सुमित्रा की ओर देखा। चेहरे पर गहरी उदासी के स्याह बादल छाए हुए थे। उसने फिर से कुरेदा, "दिन में कुछ हुआ क्या?"

"अरे! होना क्या था? चलो तुम उठो, जाकर थोड़ी देर बच्चों के पास ही लेट जाओ। वे जाग जाएँगे तो फिर सो नहीं पाओगे।" सुमित्रा ने उसे बहलाने का प्रयास किया। उसे लगने लगा वह ज्यादा देर अपने आपको रोक नहीं पाएगी। कल दिन में जो भी हुआ, उसे लेकर वह खुद बहुत परेशान थी।

अजब सिंह की चिन्ताएँ बढ़ने लगी थीं। उसने जोर देकर कहा, "सुमित्रा, आखिर हुआ क्या है? तुम्हारा चेहरा बता रहा है, तुम रात-भर सोई नहीं हो। बच्चे तो ठीक हैं ना?"

"हाँ। बच्चे ठीक हैं...आज दफ्तर मत जाओ..." सुमित्रा ने कुछ रुककर कहा। "क्यों?" अजब सिंह ने हैरानी से पूछा।

"डॉक्टर साहब और उनकी घरवाली ने मकान खाली करने को कहा है," सुमित्रा ने गहरी व्यथा से कहा।

"मकान खाली करने को कहा है क्यों?" अजब सिंह ने सवाल किया।

"कल दिन-भर चिल्लाते रहे। बहुत ही बुरी तरह चीख रहे थे," सुमित्रा ने अवसाद-भरे स्वर में कहा।

"लेकिन अचानक बात क्या हो गई? दो दिन पहले तक तो उनका रवैया अच्छा था," अजब सिंह ने शंका जताई।

"बस, अचानक आए और कहने लगे...मकान खाली कर दो...तुम लोगों ने मकान किराए पर लेते समय यह नहीं बताया था कि तुम लोग एस.सी. हो," सुमित्रा की आँखों में आँसू छलक आए थे।

"बताया नहीं...मतलब...उस समय तो बहुत प्रगतिशील बन रहे थे...अरे तुमने पूछा होता तो हम बताते...यह तो कोई बात नहीं हुई," अजब सिंह ने तर्क देते हुए अपनी भड़ास निकालने की कोशिश की।

"मैंने भी यही कहा था, तो बोले—'तुम लोगों को बताना चाहिए था... बहुत कुछ कह रहे थे...मुझे रोना आ गया था...फिर भी वह गालियाँ बकती रही...उनका वश चलता तो कल ही सामान उठाकर बाहर फेंक देते।' मैंने कहा उन्हें दिल्ली से लौट आने दो तो फिर बात करेंगे...वह चिल्लाकर हाथ नचाते हुए बोली, 'बात क्या करना है...कहीं भी जाके मरो...हमारा मकान खाली करो...' सुमित्रा गहरे अवसाद से भर गई थी। अजब सिंह ने उसे सान्त्वना देने की कोशिश की, 'चिन्ता मत करो...ऐसे कैसे मकान खाली करा लेंगे...' अजब सिंह ने कह तो दिया, लेकिन वह जानता था इस मुद्दे पर अब ज्यादा दिन रहा नहीं जा सकता है। कुछ क्षण वह खामोशी के साथ बैठा रहा। कुछ सोचते हुए बोला, 'हमें खुद उन्हें अपनी जात बताना चाहिए था कि हम चूहड़े-चमार हैं। क्या आप हमें मकान किराए पर देंगे...इनकी ऐसी-तैसी। देखता हूँ मैं भी...'" अजब सिंह की बौखलाहट उजागर होने लगी थी।

सुमित्रा ने शान्त करते हुए कहा, "नहीं जी, इस बात पर कोई बावेला मत करो...बच्चों के बारे में सोचो...झगड़ा करके क्या होगा...ठंडे मन से सोचो... उनसे बात करो और शान्तिपूर्वक थोड़ा समय माँग लो।"

"इनसे जितना डरकर बात करोगी, ये दबाने की कोशिश करेंगे। तुम इनकी फितरत नहीं जानती। जात-पाँत के सवाल पर ये सब इकट्ठे हो जाएँगे,

चाहे आपस में जितना एक-दूसरे के खिलाफ लड़ें," अजब सिंह ने अपने भीतर उठते आक्रोश को बाहर निकालने की कोशिश की।

वह जानता था जहाँ भी मकान देखने जाएँगे यह सवाल मुँह चिढ़ाता ही रहेगा। गुस्से में वह तमतमा उठा। जब तक उसकी जाति का आभास नहीं हुआ था, डॉक्टर साहब का परिवार उनके साथ घुल-मिलकर रह रहा था। जाति की खबर लगते ही सब कुछ गड़बड़ा गया था। अजब सिंह और उसकी पत्नी ने कभी ऐसा प्रयास भी नहीं किया था जिससे यह लगे कि वे जाति छिपाकर रह रहे थे।

छुटकी जाग गई थी। सुमित्रा उसे सँभालने के लिए बेड की तरफ लपकी। अजब सिंह ने छत की ओर देखा। उसे लगा जैसे अचानक छत की ऊँचाई बढ़ गई है, उसकी पहुँच से बहुत ऊपर। जिसे छू पाना उसके लिए कठिन होगा। उसकी आँखों में अंगारे दहक रहे थे। उसे लगने लगा था, किसी ने उसकी पीठ और छाती पर एस.सी. का गोदना गोद दिया है, जिसे ठीक से पढ़ने की वह कोशिश में लगा है। उसके माथे पर पसीने की बूँदें उभर आई थीं। वह डॉक्टर साहब से इस मसले पर बात करना चाहता था। वह पूछना चाहता था कि एक एस.सी. को मकान किराए पर क्यों नहीं देंगे।

छुटकी को गोद में लेकर सुमित्रा फिर से अपनी जगह पर आकर बैठ गई थी। अजब सिंह का चेहरा क्रोध से तमतमा रहा था। सुमित्रा उसका यह रूप देखकर भयभीत हो गई थी। उसे शान्त करने के उद्‌देश्य से बोली, "थोड़ा आराम से बात करना, शान्त मन से। इन लोगों का कोई भरोसा नहीं है ये किसी भी स्तर तक उतर सकते हैं।"

अजब सिंह ने सुमित्रा की ओर देखा। उसकी आँखों में भय की छाया थी। अजब सिंह को लगा जैसे बदबू का तेज झोंका उसके इर्द-गिर्द अभी भी फैला हुआ है। जैसे समूचा शहर एक कूड़ाघर में तब्दील हो गया है, जहाँ साँस लेना भी मुश्किल है। सुमित्रा ने कातरता से अजब सिंह को शान्त रहने का इशारा किया। अजब सिंह ने एक लम्बी साँस ली जैसे सुमित्रा को आश्वस्त करना चाह रहे हों। उसके भीतर नए मकान की तलाश का सवाल उठ खड़ा हुआ था। उसे लग रहा था जैसे एक विशाल कूड़ेघर में वह मकान ढूँढ़ रहा है जहाँ वह ठीक से साँस ले सके।

('हंस', नवम्बर, 2000)

मैं ब्राह्मण नहीं हूँ!

रेलवे स्टेशन पर हमेशा की तरह चहल-पहल थी। मसूरी एक्सप्रेस आ चुकी थी। गुलाटी को आज कोई भी सवारी नहीं मिली थी। स्टेशन के बाहर खड़ा ऑटो रिक्शा जैसे उसका मुँह चिढ़ा रहा था।

मसूरी एक्सप्रेस से प्रेमनगर सैन्य अकादमी जाने के लिए एक सवारी उसे मिली तो थी, लेकिन प्रेमनगर का किराया सुनकर उसने अजीब-सा मुँह बनाया था, "ऑटो रिक्शा का किराया बता रहे हो या हवाई जहाज का?"

गुस्सा तो गुलाटी को भी आया था। अपने आप पर संयम रखते हुए उसने सवारी की ओर आँखें तरेरी, "सीधे चले जाओ बाहर गांधी रोड से विक्रम मिल जाएगा। सस्ते में सैन्य अकादमी पहुँच जाओगे।" सवारी ने उसे आग्नेय नेत्रों से घूरा था।

गुलाटी दूसरी सवारी की खोज में लग गया था। लेकिन काफी कोशिशों के बाद भी उसे निराश ही होना पड़ा था। पाँच-दस मिनट में ही भीड़ छँट गई थी। सवारी न मिलने से गुलाटी का मन खिन्न हो गया था। उसने प्लेटफार्म का एक चक्कर लगाया। इस उम्मीद में कि शायद कोई भूली-भटकी सवारी मिल जाए। लेकिन खाली हाथ लौटकर बाहर खड़े ऑटो रिक्शा के पास आ गया था।

वही स्थिति जनता-एक्सप्रेस के पहुँचने पर हुई थी। आज का दिन ही खराब था। वह अनमने भाव से ऑटो की पिछली सीट पर बैठ गया था।

लिंक के आने में अभी देर थी। सीट पर बैठे-बैठे उसने टाँगें फैला ली थी। आलस के कारण वह ऊँघने लगा था।

काफी देर से कुछ सवारियाँ स्टेशन के बाहर पोर्च के किनारे बैठी हुई थीं। अधेड़ उम्र की महिला, एक युवक तथा तीन लड़कियाँ थीं। युवक के कन्धे

पर रंग-बिरंगा-सा एयर बैग लटका था। एक लड़की पुराना-सा मटमैला थैला, जो कपड़ों से ठुँसा हुआ था, पकड़े बैठी थी। एक कपड़े में ढोलक तथा दूसरे में हारमोनियम बँधी थी। महिला के पास पुरानी-सी चादर की एक पोटली थी।

उनके सामान और वेशभूषा देखकर टिड्डियों की तरह मँडराते ऑटो चालकों ने कोई खास रुचि उनमें नहीं ली थी। वे शायद किसी का इन्तजार कर रहे थे। काफी समय से वे इसी तरह बैठे थे। लेकिन अधेड़ महिला कुछ ज्यादा परेशान दिख रही थी। वह दो-तीन चक्कर स्टेशन से गांधी रोड तक लगा चुकी थी और थककर बैठ गई थी।

ऑटो चालक बिल्लू ने गुलाटी को आवाज लगाई, "ओए गुलाटी, देख तेरे मोहल्ले की सवारियाँ हैं, ले जा यार...बड़ी देर से परेशान हैं।"

गुलाटी ने झाँककर सवारियों की ओर देखा। सरसरी निगाह से देखकर उसने इनकार कर दिया। उसे लगा कि इन सवारियों से मनचाहा किराया नहीं मिलेगा। बिल्लू ने उसकी ना को हवा में उड़ा देने की कोशिश की, "इन्हें छोड़के भरजाई के हाथ की गरम रोटियाँ भी खा आणा। तेरे घर के पास ही कहीं जाणा है।"

"ओ, नहीं यार...पाँच जन हैं, ऊपर से इतना सामान भी तो है...कैसे आ पाएँगे ऑटो में...?" गुलाटी ने सवाल किया।

"ओए, तू बात तो कर...वैसे भी सुबह से तेरी बोहणी नहीं हुई है," बिल्लू ने जोर दिया।

गुलाटी ऑटो से बाहर आ गया था। अनिच्छा से उसने सवारियों से पूछा, "कहाँ जाना है?"

महिला ने बीड़ी का सुट्टा मारते हुए अपनी खनकदार ऊँची आवाज में कहा, "तिलक रोड है जी कोई जगा। वहाँ नाले के पास जाणा है।"

गुलाटी तिलक रोड के चप्पे-चप्पे से परिचित था। उसका घर भी तिलक रोड पर नाले के पास ही था। उसके मन में सवाल कौंधा, "किसके घर जाणा है इन्हें?" नाले के पास रहनेवाले एक-एक व्यक्ति को गुलाटी जानता था। वहाँ ज्यादातर पंजाबी रहते हैं। विभाजन की त्रासदी के मारे रिफ्यूजी। गुलाटी ने उत्सुकता से पूछा, "किसके घर जाणा है?"

"मोहनलाल के घर जाणा है," महिला ने बीड़ी का आखिरी कश लिया। उसके मन में उम्मीद की किरण फूटी। दरअसल वह निराश हो गई थी। नया शहर, नए लोग, कोई ठीक से जवाब ही नहीं दे रहा था।

"मोहनलाल?...मोहनलाल शर्मा?" गुलाटी ने आश्चर्य से पूछा।

"हाँ जी,...यहाँ उन्हें सरमा ही कहवे हैं सब। उनका बड़ा बेट्टा बहुत बड़ा अफसर हैगा," महिला ने अपनी ही रौ में कहा। वह उत्साह से भर उठी थी।

गुलाटी गहरी सोच में डूब गया था..."मोहनलाल शर्मा के घर ये लोग..." उसे कुछ अजीब सा लग रहा था। गुलाटी के मन में खयाल आया—'मोहनलाल शर्मा के लड़के की शादी है। हो सकता है गाने-बजाने के लिए इन्हें बुलाया हो।' उनके हारमोनियम और ढोलक देखकर गुलाटी ने अन्दाज लगाया।

गुलाटी को खामोश देखकर महिला ने पूछा, "क्या सोचने लगे...आप उन्हें जाणो हो?"

"हाँ जी जानता हूँ, बैठो ऑटो में," गुलाटी ने तत्काल निर्णय ले लिया था।

"किराया क्या लोगे...बाद में हुज्जत नहीं करना," युवक ने बालों में कंघी फेरते हुए अपनी खामोशी तोड़ी।

"जो मरजी हो दे देना...चलो बैठो," कहकर गुलाटी अपने थ्री व्हीलर की ओर बढ़ा। गुलाटी का मोहनलाल के घर काफी आना-जाना था। इसलिए उसने किराए की ज्यादा चिन्ता नहीं की।

किसी तरह ठुँस-ठुसाकर वे ऑटो में लद गए थे। युवक को गुलाटी ने अपनी सीट पर बैठा लिया था।

स्टेशन से बाहर निकलकर गुलाटी ने गांधी रोड पार कर ली थी। दर्शनी गेट की ओर थ्री व्हीलर को मोड़ते हुए उसने सवाल किया, "आप लोग मोहनलाल शर्मा जी को कैसे जानते हैं?"

"अजी जाणना क्या है, मैं उसकी सगी बहण हूँ," महिला ने अपनी खुशी का इजहार सहज भाव से किया।

इस उत्तर की गुलाटी ने कल्पना भी नहीं की थी। वह सकते में आ गया था। 'शर्मा जी और उसके सगे भाई...नहीं, ये लोग जबरन अपनापन दिखा रहे हैं।'

"उनके लड़के की शादी है। उसी में जा रहे हैंगे," महिला ने बात और आगे बढ़ाई।

गुलाटी के मन में तरह-तरह की शंकाएँ किलबिलाने लगी थीं। उसने ऑटो सुभाष चौक की ओर मोड़ा। ऊबड़-खाबड़ सँकरे रास्ते से ऑटो को निकालते हुए मन में उठते सवालों को खँगाला, "मोहनलाल जी भले आदमी हैं। किसी

को भी अपना बना लेते हैं। छोटे-बड़े का भेद तो उनके मन में आता ही नहीं है...देखिए आप लोगों को भी अपना बना लिया...तभी तो शादी में आए हो।"

महिला गुलाटी की बात पर चौंकी, "अजी...मैं और मोहन माँ जाये हैं... सगे...एक ही माँ की कोख से जन्मे हैं।"

गुलाटी चुप हो गया था। लेकिन उसके मन में सवालों का चक्रवात उठ रहा था। तिलक रोड पर भीड़ बहुत ज्यादा थी। नाले के पुल पर हाथ ठेलीवाले ने अवरोध खड़ा कर रखा था। बहुत मुश्किल से रास्ता मिला। नाले के साथ दाहिनी ओर ऑटो को उसने सावधानी से मोड़ा।

"ये ढोलक...हारमोनियम..." गुलाटी ने अगला सवाल करना चाहा। लेकिन महिला ने बीच ही में बात काटी, "ये तो हमारी रोजी-रोटी है। मिरासी के पास ये ना होवे तो वह मिरासी कैसा?"

"ओह! आप लोग मिरासी हैं!" गुलाटी ने आश्चर्य व्यक्त किया।

वे लोग मोहनलाल शर्मा के घर के एकदम पास पहुँच गए थे। गुलाटी की भावनाओं का गुबार उसे चुप रहने को मजबूर कर रहा था। उसने जल्दी-जल्दी उन्हें उतारा। जो भी किराया उन्होंने दिया खामोशी से ले लिया। ऑटो को रास्ते से हटाकर दीवार के साथ लगा दिया। मोहनलाल शर्मा के मकान से सटा हुआ मकान गुलजारीलाल शर्मा का था। उनकी ही लड़की से मोहनलाल शर्मा के लड़के की शादी हो रही थी। गुलाटी की सहानुभूति गुलजारीलाल के साथ हो गई थी। उसे लग रहा था जैसे मोहनलाल ने जाति छुपाकर घोर अपराध किया है और गुलजारीलाल शर्मा को धोखा दिया है। ऐसा धोखा जो सहन नहीं किया जा सकता है। मोहनलाल ने समूचे मोहल्ले को भ्रष्ट किया है। गुलाटी ने मन ही मन कहा—'इतने सालों में कोई जान ही नहीं पाया, वह मिरासी है।' उसने एक भद्दी गाली दी।

इसी आवेश में उसने गुलजारीलाल शर्मा का दरवाजा खटखटाया। गुलजारीलाल शर्मा ने कहा, "कौन है? आ जाओ, दरवाजा खुला है।"

गुलाटी ने उत्तर दिया, "जी, मैं गुलाटी।"

"ओ, पुत्तर आ...की हाल हैं तेरे...बैठ..." गुलाटी ने स्नेहपूर्वक उसे बैठाया। "क्या बात है पुत्तर?...तू कुछ परेशान दिख रहा है।"

गुलजारीलाल शर्मा ने गुलाटी के तमतमाते चेहरे को देखकर पूछा।

"नहीं जी...सब ठीक है...आप बताओ तियारियाँ कैसी चल रही हैं?" गुलाटी ने अपने भीतर उठते ज्वार-भाटे को दबाने की चेष्टा की।

गुलाटी तय नहीं कर पा रहा था कि कहे या न कहे। मन में अंकुरित दुर्भावना की तीव्रता उसे बेचैन कर रही थी। उसे लग रहा था, गुलजारीलाल शर्मा फँस गए हैं। उन्हें मुक्त कैसे कराया जाए। अचानक मोहनलाल दुष्ट, कपटी, असभ्य, कमीना बन गया था। उसे मंडल के वे दिन याद आने लगे थे, जब मोहनलाल आरक्षण विरोध में सबसे आगे था। किसी ने सपने में भी नहीं सोचा होगा कि मोहनलाल ब्राह्मण नहीं मिरासी है। उसकी आवाज विरोध में सबसे ज्यादा मुखर थी।

गुलाटी को गुमसुम देखकर गुलजारीलाल शर्मा ने सवाल किया, "गुलाटी पुत्तर, कोई गल है जो तू कहणा चाहता है। बोल क्या बात है?"

"हाँ जी, कहना तो चाहता हूँ...पर डरता हूँ...कोई ऐसी-वैसी बात ना हो जाए," गुलाटी ने हिचकिचाते हुए कहा।

"ओ, बात क्या है...तू साफ-साफ कह..." गुलजारी की बेचैनी बढ़ने लगी थी।

"मुझे लगता है...आपके साथ धोखा हुआ है?" गुलाटी ने हिम्मत बटोरकर कहा।

"कैसा धोखा?...किसने किया?" गुलाजारीलाल ने उत्सुकता से पूछा।

"मोहनलाल ने," गुलाटी ने धीमे स्वर में कहा।

"मोहनलाल जी ने!..." गुलाजारीलाल शर्मा ने आश्चर्य व्यक्त किया।

"हाँ जी, वह ब्राह्मण नहीं है," गुलाटी ने फैसला सुनाया।

"ब्राह्मण नहीं है?...ओ! तू क्या कह रहा है? पिछले पच्चीस सालों का साथ है हमारा, रात-दिन का साथ...सिर्फ पड़ोसी ही नहीं हैं...और तू कह रहा है...वे ब्राह्मण नहीं हैं," गुलजारीलाल शर्मा ने गहरे अवसाद में भरकर कहा।

"शर्मा जी मैं स्टेशन से उनके रिश्तेदारों को अभी-अभी लेकर आया हूँ," गुलाटी ने विश्वास जताने की कोशिश की।

"तुझे जरूर धोखा हुआ है," गुलजारीलाल ने आत्मविश्वास से कहा।

"नहीं जी, उन्होंने खुद बताया है, ये लोग मिरासी हैं। आप चाहें तो खुद जाकर पूछ लें," गुलाटी ने जोर देकर कहा।

अचानक खामोशी छा गई थी। गुलजारीलाल शर्मा अवाक् गुलाटी को देख रहा था।

"जो औरत आई है वह मोहनलाल शर्मा की सगी बहन है। ढोलक, हारमोनियम, उनके रंग-ढंग सभी मिरासियों जैसे ही हैं," गुलाटी ने खामोशी तोड़ने की चेष्टा की।

गुलजारीलाल शर्मा को यकीन ही नहीं आ रहा था। 'ऐसा भी हो सकता है' उसकी सोच से बाहर था। इतने बरसों का साथ फिर भी कभी ऐसा लगा नहीं वह अपनी जाति का नहीं है। 'नहीं, मेरा मन नहीं मानता' लेकिन हो सकता है गुलाटी सच कह रहा हो। अपने भीतर उठनेवाली साँय-साँय को गुलजारीलाल ने सुन लिया था। शादी से ठीक दो दिन पहले ऐसे किसी चक्रवात की उसे उम्मीद नहीं थी।

"गुलाटी!...हो सकता है जान-पहचान के कारण सगापन दिखा रही हो...!" गुलजारीलाल शर्मा ने खुद को सान्त्वना देने की कोशिश की।

"मैंने खोद-खोदकर उनसे पूछताछ की थी...फिर भी आप खुद तसल्ली कर लो।" गुलाटी ने विश्वासपूर्वक कहा।

गुलजारीलाल शर्मा की जान साँसत में फँस गई थी। तरह-तरह की दुश्चिन्ताओं ने उसे घेर लिया था। "अगर यह सच हुआ तो अनर्थ हो जाएगा।"

गुलजारीलाल की पत्नी भी उनकी खुसुरफुसुर सुनकर पास आ गई थी। यह जानकर कि मोहनलाल मिरासी हैं, उसका चेहरा फक्क पड़ गया था। देखते ही देखते शादी के माहौल की तमाम खुशियाँ अचानक गमगीन हो गई थीं।

काफी सोच-विचार के बाद मोहनलाल को ही बुलाकर पूछा जाए, यह तय हुआ।

"हमारी किस्मत में ये मिरासी ही रह गए थे!" गुलजारीलाल शर्मा की पत्नी ने गहन पीड़ा के साथ कहा। उसे लग रहा था जैसे उसकी बेटी सुनीता की जिन्दगी ही तबाह हो गई है। उसने लम्बी साँस लेकर मोहनलाल और उसके खानदान को कोसना शुरू कर दिया था। गुलजारीलाल ने उसे टोका, "सुनीता की माँ चुप हो जाओ...पहले उससे पूछ तो लें सच क्या है?"

बुआ जिस तरह अपने टब्बर और ताम-झाम के साथ भतीजे अमित की शादी में आई थी, उससे घर की खुशी का माहौल तनाव से भर गया था। मोहनलाल की स्थिति साँप-छछूँदर जैसी हो गई। बुआ को देखकर कोई भी खुश नहीं हुआ था, सिवाय मोहनलाल की पत्नी के।

मोहनलाल ने रिश्ते-नातों से ही नहीं अपनी समूची बिरादरी से भी नाता तोड़ रखा था। लेकिन जब उनके बड़े बेटे अमित की शादी तय हुई तो पत्नी ने जिद्द पकड़ ली थी। पत्नी का कहना था अपनी जड़ों से कटकर फला-फूला पेड़ भी एक दिन सूख जाता है। इसी तर्क ने मोहनलाल को दुविधा में फँसा दिया था। उसने अपने आपको 'शर्मा' में परिवर्तित करके अतीत से जिस प्रकार स्वयं को काट रखा था, वहाँ जात-बिरादरी से नाता रख पाना उनके लिए कठिन काम था।

हुआ भी वही। जिस तरह से बुआ आ धमकी थी, उसने एक ही झटके में 'शर्मा' के आवरण के परखच्चे उड़ा दिए थे। बुआ अगर अकेले आई होती तो भी मोहनलाल स्थिति को सँभाल लेता। पर वह तो पूरे टब्बर के साथ आई थी। मोहनलाल के लिए बुआ का आना किसी खतरे से कम नहीं था।

गुलजारीलाल शर्मा का बुलावा खतरे की घंटी जैसा था। मोहनलाल ने अपने बेटे अमित की ओर देखा। अमित उबटन लगे कपड़ों में सम्भावित खतरे की पदचापें सुन रहा था। मोहनलाल के उदास, मलिन चेहरे को देखकर उसने कहा, "हो सकता है बुआ के आने की भनक उन्हें लग गई हो। यह मोहल्ला ही ऐसा है घर के लोगों से पहले किसी भी आहट को मोहल्लेवाले ज्यादा जल्दी समझ लेते हैं। आप इस मुद्दे पर बहस मत करना। जो भी कहेंगे चुपचाप सुन लेना। जो होगा देखा जाएगा।"

गुलजारीलाल शर्मा अपने भीतर उठते आवेश को दबा नहीं पा रहे थे। मोहनलाल को देखकर सहज और संयम रखने का भरपूर प्रयास किया। लेकिन असफल रहे।

"गुलाटी के ऑटो से जो अभी आई, वह क्या तुम्हारी सगी बहन है?" गुलजारीलाल शर्मा ने तेज चाकू की धार जैसे शब्दों से मोहनलाल को एक ही झटके में छील दिया। मोहनलाल को समझते देर नहीं लगी—'गुलाटी ने गुल खिला दिया है।' फिर भी वह शान्त रहा।

"तो तुम शर्मा नहीं हो?" गुलजारीलाल ने दहकता सवाल किया।

मोहनलाल ने इस प्रश्न का भी कोई उत्तर नहीं दिया। कुछ देर सन्नाटा छाया रहा। गुलजारीलाल के भीतर लावा उमड़ने लगा था। क्षण-भर को लगा उसकी नसें फटनेवाली हैं। शब्दों को चबाते हुए बोला, "ओए! मोहनलाल इत्ता बड़ा झूठ...कमीने तुझे शरम नहीं आई...जिस थाली में खाया उसी में छेद किया..." गुलजारीलाल शर्मा के सीने में एक हूक-सी उठी, "इतना बड़ा धोखा...जा, दफा हो जा वरना मेरा हाथ उठ जाएगा," गुलजारीलाल शर्मा आवेश में काँप रहा था।

मोहनलाल बिना एक शब्द भी बोले, चुपचाप लौट आया था। ऊपर से वह शान्त दिख रहा था। लेकिन उसके भीतर कोलाहल मचा हुआ था, "हाँ, मैंने जाति छिपाई...लेकिन इतने सालों तक मैं कमीना नहीं था, आज जाति पता चलते ही कमीना हो गया।" उसे लग रहा था जैसे सामने बहता गन्दा नाला अचानक पुश्ता तोड़कर उसके आँगन में घुसनेवाला है।

गुलजारीलाल के आँगन से बाहर आते हुए उसके जिस्म को बेधती हुई गुलजारीलाल की आवाज गूँजी, "...ओए मोहनलाल तूने मुझे ही नहीं, मेरी बेटी को भी जीते-जी मार दिया है...मैं अपनी बेटी एक मिरासी को कैसे दे सकता हूँ...ओए तू कमीना ही नहीं हरामजादा भी है..." आवाज मोहल्ले भर ने सुनी थी। दरवाजे-खिड़कियाँ खुलने लगे थे। पड़ोसियों की ईर्ष्या को सुकून मिल गया था।

शादी-ब्याह की रौनक मातम में बदल गई थी। मोहनलाल का बेटा अमित तेल भवन में अफसर था और गुलजारी की बेटी सुनीता बैंक में थी। दोनों साथ-साथ बड़े हुए थे। कॉलेज में भी साथ थे। दोनों परिवारों में गहरी मित्रता थी। अमित और सुनीता की नौकरी लगते ही दोनों परिवारों की आपसी सहमति से इस रिश्ते पर मोहर लग गई थी।

आपसी रिश्ते मुट्ठी में बन्द रेत की तरह फिसल गए थे। कल तक दोनों परिवारों की प्रगाढ़ता को देखकर पड़ोसी ईर्ष्या रखते थे। जाति रूपी जोंक ने प्रगाढ़ता का रक्त सोख लिया था।

मोहनलाल की पत्नी ने तड़पकर कहा, "मैं तो पहले ही कहती थी किसी रोज यह शर्मा बनना भारी पड़ेगा। इन कमबख्तों को इनसान नहीं जाति प्यारी है।"

गुलजारीलाल शर्मा के चीखने-चिल्लाने की आवाज सभी ने सुनी थी। अमित ने माँ को समझाने की कोशिश की, "माँ शान्त हो जाओ, अगर शादी

के बाद भेद खुलता तब?...गलती हमारी ही है। अब यह सोचो आगे करना क्या है। अब तो इस मोहल्ले में भी रहना दूभर हो जाएगा। लोग दुश्मनों जैसा व्यवहार करेंगे।"

समूचे प्रकरण में बुआ की स्थिति एक अनचाहे मेहमान की थी। वे सोच रही थीं, कि उन्हें यहाँ नहीं आना चाहिए था। काफी देर की खामोशी के बाद बोली, "बेटा अमित, मैं यहाँ तुम लोगों की खुशियाँ बाँटने आई थी, अपनी भाभी, भाई, भतीजे-भतीजियों को देखने की इच्छा लेके आई थी...मैं ही मूरख हूँ...मेरे मुँह से ही निकल गया उस रिक्शावाले के सामने कि हम मिरासी हैं। मुझे तो पता भी नहीं ये शरमा क्या होता है...मैं कल अपने टब्बर कू लेके वापस चली जाऊँगी..." बुआ का गला भर्रा गया था। आँखों में आँसू छलक उठे थे।

अमित ने बुआ को बाँहों में भर लिया था। "ना बुआ, तुम्हारा दोष नहीं है...तुमने तो हमारी आँखें खोल दी हैं। झूठ के बन्धन कितने खोखले होते हैं, यह अब हमारी समझ में आ गया है। मिरासी होना कोई अपराध नहीं है...तुम अपनी हो...कहीं नहीं जाओगी।" अमित की आत्मीयता ने बुआ को भाव-विभोर कर दिया था। वे अमित से लिपट गईं, "जिन्दा रह पुत्तर...तेरा दिल बहुत बड़ा है...मैं ही करम जली हूँ...कुसूर मेरा ही है। मुझे ही अपनी जबान काबू में रखनी चाहिए थी," बुआ ने गहरे क्षोभ से कहा।

गुलजारीलाल शर्मा चीख-पुकार के बाद खामोश हो गया। उसे लग रहा था जैसे वह किसी साजिश में फँस गया है। जिससे बाहर आने का कोई रास्ता उसे दिखाई नहीं पड़ रहा था।

मौका देखकर गुलाटी खिसक लिया था। सुनीता समूचे प्रकरण में अभी तक खामोश थी। वह घर के अँधेरे कोने में गुमसुम बैठी थी। उसके चारों ओर उबटन की गन्ध रच-बस गई थी। मोहनलाल को अपमानित किए जाने पर वह तमाम रस्मों को तोड़कर बाहर आँगन में आ गई थी। उससे रहा नहीं गया था। मोहनलाल को चुपचाप जाते देखकर उसके अन्तस् में हाहाकार मच गया था।

गहरे सन्ताप में भरकर बोली, "पापा, वे लोग ब्राह्मण नहीं हैं, तो क्या आप ब्राह्मण हैं?" सुनीता का सवाल बिजली की तरह कौंधा था। जिसकी दहकता में सभी के चेहरे झुलस गए थे। शादी में आए सगे-सम्बन्धी इस प्रश्न पर अवाक् रह गए थे।

गुलजारीलाल ने 'शर्मा' की केंचुल धारण कर लेने के बाद यह भुला दिया था कि वह ब्राह्मण नहीं है। लगातार झूठ बोलते-बोलते उसने अपना अतीत भुला दिया था। आज जब उसे यह पता चला कि मोहनलाल 'शर्मा' नहीं 'मिरासी' है तो भावनाओं की उत्तेजना में वे अपनी सच्चाई को ही भूल गए थे। सुनीता ने उन्हें इस सच्चाई से रूबरू करा दिया था। वे अवाक् सुनीता की ओर देख रहे थे। 'जाति' के खेल में उन्हें यह पहली शह पड़ी थी।

सुनीता के सवाल ने समूचे घटनाक्रम की दिशा ही बदल दी थी। गुलजारीलाल ने शह से बचने के लिए एक कमजोर सी चाल चली। उसके भीतर परसा झूठ एक बार फिर फुंकार उठा था, "हाँ, मैं ब्राह्मण नहीं हूँ, लेकिन मिरासी भी तो नहीं हूँ...!"

"बढ़ई तो हो...ब्राह्मणों की दृष्टि में शूद्र, पिछड़े...तरखाण..." सुनीता ने एक ही चाल में मात दे दी थी। गुलजारी लाल के तर्क को तेज धारवाले चाकू से सुनीता ने चिन्दी-चिन्दी कर दिया था।

"पापा...आप बने रहिए श्रेष्ठ...ब्राह्मण...मिरासी से ऊँचे। लेकिन मैंने कभी भी अपने आपको ब्राह्मण नहीं माना...यह सच्चाई है। न मैंने 'शर्मा' होने की आड़ में कभी ब्राह्मण बनने की कोशिश की। मेरे लिए ब्राह्मण होना ही इनसान की श्रेष्ठता का प्रतीक नहीं है। यह एक भ्रम है जिसमें सभी ऊँच-नीच का खेल खेल रहे हैं। आप जितना मातम मनाएँ...मैं शादी अमित से ही करूँगी। उसके पुरखों का मिरासी होना मेरे लिए कोई मायने नहीं रखता...कहकर वह बाहर की ओर लपकी।

सभी हक्के-बक्के रह गए थे। किसी को अन्दाज भी नहीं था, सुनीता इस तरह का कोई कदम उठाएगी। माँ ने रोकना चाहा, लेकिन तब तक सुनीता देहरी लाँघकर अमित के आँगन में पहुँच चुकी थी। उसके चेहरे पर गहरा आत्मविश्वास दमक रहा था, "अमित...मैं ब्राह्मण नहीं हूँ।"

('राष्ट्रीय सहारा', 10 सितम्बर, 2000)

दिनेशपाल जाटव उर्फ दिग्दर्शन

अन्तिम हेडलाइन और समाचार का प्रूफ देखकर ओ.के. करते हुए उसने समूचा पृष्ठ शर्मा की ओर सरका दिया। शर्मा ने हेडलाइन हैरत से देखी। सवालिया नजरों से उसकी ओर देखते हुए कहा, 'जोशी जी ने देखा है यह मैटर?' कागज पर उभरे काले स्याह अक्षर शर्मा की आँखों में काँटों की तरह गड़ रहे थे। अक्षरों की बुनावट ने सन्देह की रेखाएँ गहरी कर दी थीं। शब्दों पर जोर देते हुए कहा, 'एप्रूव करा लेते तो ठीक रहता। यह खबर उनके ही क्षेत्र से है...हो सकता है वे पसन्द न करें,' शर्मा ने कागज़ हवा में लहराया।

'ले जाइए और जल्दी से तैयार कीजिए...देर हो रही है,' उसने तल्खी से कहा, शर्मा ने गहरी हिकारत से उसकी ओर देखा और अपने विभाग की ओर चल दिया।

रात के बारह बजने ही वाले थे; दफ्तर में सन्नाटा था। प्रिंटिंग विभाग में हलचल बढ़ गई थी। वह पहले पृष्ठ का अन्तिम प्रूफ देखकर ही उठने के मूड में था। वह कोई भी गुंजाइश छोड़ना नहीं चाहता था। आखिरी समाचार जो उसने शर्मा के हवाले किया था, उसे लेकर उसके मन में भी संशय था। उसे यह सब जोखिम भरा लग रहा था। फिर भी उसने समाचार को मुख पृष्ठ पर छाप देने के लिए शर्मा को हिदायत दी थी। शर्मा ने जाते हुए जो प्रतिक्रिया जाहिर की थी उससे वह अनभिज्ञ नहीं था। उसके जाते ही उसने ड्रॉअर झटके से बन्द कर उसकी प्रतिक्रिया का उत्तर देने की कोशिश की थी। साथ ही उसके मुँह से अस्फुट शब्द निकले, 'साले, सबके सब जोशी के चमचे हैं...श्रेष्ठता भाव से पीड़ित...'

शर्मा तक न तो उसकी प्रतिक्रिया पहुँची थी, न संवाद की ध्वनि-तरंगें। उसका स्वर था ही इतना धीमा कि उसके अपने इर्द-गिर्द ही घुटकर रह गया था।

यह पहला अवसर नहीं था, इससे पूर्व भी ऐसे अनेक समाचार आए थे, जिन्हें हर रोज अनदेखा किया जाता रहा। यदि कभी छपे भी तो कतर-व्योंत के बाद। जिन्हें पढ़कर किसी निष्कर्ष पर पहुँचा ही नहीं जा सकता था। जो मात्रा सूचनाएँ होती थीं, वे भी दिग्भ्रमित करनेवाली।

ऐसे अनेक समाचार टेलीप्रिंटर, फैक्स या डाक से आते थे। जो आते हुए तो दिखाई पड़ते थे, लेकिन अखबार तक नहीं पहुँच पाते थे। अघोषित सेंसरशिप उन्हें रोक लेती थी। ऐसे समाचार सम्पादकों, संवाददाताओं को फिजूल की बातें लगती थीं, वे समाचारों को अनदेखा करके मुख्यधारा के भ्रम को बनाए रखने में अपना योगदान देते थे, मीडिया ऐसे ही लोगों के हाथ की कठपुतली बना हुआ था। मीडिया का यह नजरिया वह अनेक अवसरों पर देख चुका था। जिसे देखकर वह गहरी यातना से गुजरता था। ऐसी यातना जिसका कोई अन्त उसे दिखाई नहीं देता था। यह पीड़ा उसकी रग-रग में समा गई थी। वह स्वयं को असहाय पाता था।

इस अखबार में आने से पूर्व वह स्वयं भी इन अवांछित समाचारों की तरह अनेक बार अखबार के कार्यालयों से बैरंग लौटा था।

ऐसा ही हादसा घटित हुआ था, जब वह कलकत्ता से निकलनेवाले साप्ताहिक से अपमानित होकर लौटा था।

उसने साप्ताहिक में उपसम्पादक के लिए आवेदन किया था। जो भी योग्यताएँ, अनुभव अपेक्षित थीं, वे सब उसने पूरी की थी। साहित्यिक टिप्पणियों, रपट, आलेख, फीचर, समसामयिक विषयों पर लेख आदि जो विभिन्न पत्र-पत्रिकाओं में छपे थे, उनका पूरा ब्योरा, प्रतियाँ उसने संलग्न करके आवेदन भेजा था। लेकिन काफी इन्तजार के बाद भी जब बुलावा नहीं आया साक्षात्कार के लिए, तो उसने दोबारा से समूची सामग्री आवेदन के साथ भेजी। फिर भी कोई उत्तर नहीं आया, तो मित्रों की सलाह पर वह स्वयं कलकत्ता पहुँच गया था। सम्पादक हिन्दी जगत में एक जाना-माना प्रतिष्ठित नाम था। उनके सम्पादकीय और समसामयिक विषयों पर की गई टिप्पणियों का वह हमेशा प्रशंसक रहा था। शायद इसी हौसले ने उसे प्रेरित किया था कि

वह सम्पादक से व्यक्तिगत रूप से मिले। बहुत ही कम समय में साप्ताहिक ने जो छाप पाठकों पर छोड़ी थी, उससे वह भी प्रभावित था। इसीलिए जब उपसम्पादकों की नियुक्तियों के लिए विज्ञापन छपा तो उसने भी आवेदन कर दिया था।

जितने उत्साह और उम्मीद से वह सम्पादक से मिलने कलकत्ता गया था, उतनी ही निराशा से हृदय की वेदनाओं को दबोचकर वह वापस लौट आया था। साप्ताहिक के कार्यालय में पहुँचकर उसे घोर निराशा ही नहीं हुई थी, बल्कि उसका मोह भंग भी हुआ था। सम्पादक के केबिन में जाने से पहले वह उपसम्पादकों से मिला था। उसका नाम सुनते ही उनके चेहरे के हाव-भाव बदल गए थे। कानाफूसी शुरू हो गई थी।

उमेश उनियाल उसका नाम सुनते ही कुछ इस तरह मुस्कुराया था कि उसे समझने में देर नहीं लगी थी। उनियाल ने व्यंग्यात्मक लहजे में कहा था, 'सम्पादक से मिल लो। आपका ही इन्तजार कर रहे हैं। आप जैसे प्रतिभा सम्पन्न लोगों की यहाँ सख्त जरूरत है।' उमेश उनियाल के अन्दाज से आसपास बैठे सभी सहकर्मी खिलखिला उठे थे। उनकी यह हँसी उसे लहूलुहान कर गई थी। वह अवाक् खड़ा रह गया था। उसे लगा जैसे वह दलदल के किनारे खड़ा है। अपने आपको संयत रखते हुए वह सम्पादक के केबिन की ओर बढ़ गया।

सम्पादक ने उसे बैठने के लिए भी नहीं कहा था। अपने आप में व्यस्त होते हुए कहा था, 'आप इतनी दूर से बिना पूर्व सूचना के आए हैं...इससे आपका तो नुकसान हुआ ही है, मेरा भी समय खराब कर रहे हैं...(थोड़ा रुककर)... आपका नाम सुना है...अच्छा लिखते हैं, लिखते रहिए। हमारे साप्ताहिक में भी लिखिए...पत्रिका में फँसकर तो लेखक की मौत हो जाती है। आप यहाँ क्यों आना चाहते हैं? यह जगह आप जैसे प्रतिभावान लोगों के लिए नहीं है।'

वह खामोशी से सम्पादक के तर्क सुन रहा था। तर्कों के पीछे छिपी कुटिलता साफ-साफ दिखाई दे रही थी। वह उलटे पाँव लौट आया था। लौटते हुए उसने महसूस किया जैसे वहाँ बैठे तमाम लोगों की नजरें उसका पीछा कर रही थीं। उसने तेज कदम बढ़ाए। वह अभी दरवाजे तक भी नहीं पहुँच पाया था कि सामूहिक ठहाका गूँजा...'अब पत्रिकाओं में भी आरक्षण माँगनेवाले आने लगे...अब भंगी-चमार भी सम्पादक बनेंगे...'

एक-एक शब्द तेज धारवाले औजार की तरह उसे लहूलुहान कर गया था। उसके भीतर खामोश चीख लावा बनकर फूट पड़ने के लिए तड़प उठी थी। वह ठिठका। लेकिन दूसरे ही क्षण स्वयं पर काबू पाकर उनकी ओर घूमा। उसे खड़ा देखकर उनके कहकहों पर यकायक ब्रेक लग गए थे। अपने-अपने काम में व्यस्त हैं—दिखाने का प्रयास कर रहे थे। उसने हिकारत से उन्हें घूरा और बाहर निकल गया।

सड़क पर आकर उसे लगा जैसे वह किसी सीलन-भरे बदबूदार तहखाने से बाहर आया है। जिसकी गन्ध अभी तक उसके रोम-रोम में बेचैनी पैदा कर रही थी।

कलकत्ता से लौटते ही उसने सबसे पहला काम यह किया कि अपना नाम दिनेशपाल जाटव से दिग्दर्शन कर लिया था। यह फैसला उसने गहरे अन्तर्द्वन्द्व से गुजरकर किया था। उसका नाम सुनते ही सामने बैठे व्यक्ति में जो तब्दीलियाँ परिलक्षित होती थीं। वे किसी यंत्रणा से कम नहीं थीं।

नाम बदलने से शुरू में काफी दिक्कतें आई थीं। लेकिन जब पत्र-पत्रिकाओं में यही नाम छपने लगा तो सभी उसे इस नाम से पहचानने लगे थे। कुछ अन्तराल बाद ही उसका पूर्व नाम भूलने भी लगे थे। दिग्दर्शन की छाया में दिनेशपाल जाटव गुम होने लगा था। इसी नाम के भ्रमजाल ने उसे इतने बड़े अखबार में नौकरी दिलवा दी थी। अखबार की दुनिया में फँसकर वह बहुत से ऐसे काम भूल गया था, जो किसी समय उसकी प्राथमिकताओं के दायरे में आते थे। समाचार-पत्र की उपसम्पादकी तक पहुँचने में उसे बहुत ज्यादा समय नहीं लगा था। नौकरी मिलने तक जो संघर्ष उसने किए थे उन्हें वह स्वयं भी धीरे-धीरे भूलने लगा था। शहर-दर-शहर भटकते हुए जब वह दिल्ली आया तो ऐसे कई लोगों के करीब आने का उसे मौका मिला, जो पत्रकारिता के क्षेत्र में जाने-माने नाम थे। ऐसे ही एक नाम की बदौलत वह इस अखबार की कुर्सी पर जम गया था।

इस अखबार में ही काम करते हुए उसने अनेक उतार-चढ़ाव देखे थे। सत्ता-समीकरणों के साथ अखबार के चेहरे बदलते हुए उसने काफी करीब से देखे थे। ऐसे अनेक अनुभवों से भी वह गुजरा था जिनसे वह अभी तक अनभिज्ञ था। बाहर-भीतर के अन्तर ने उसे कई बार उलझनों में डाल दिया था। वह कई बार लड़खड़ाया भी, लेकिन जल्दी ही सँभलकर फिर से उसी

धुरी में घूमने लगता था जहाँ से छिटककर अलग हो गया था। कभी-कभी वह अपने-आप पर हैरान हो उठता था। इतना कमजोर तो वह कभी नहीं था। सम्पादक की कुटिल गोल-मोल बातों को कई बार समझने में वह स्वयं को असमर्थ पाता था। ऐसे समय में वह खामोश रहकर एक अच्छे श्रोता का अभिनय करने लगता था। लेकिन उसके अन्तर्मन की सन्तप्तता उसे हर पल बेचैन भी करती थी।

कहने को तो यह अखबार प्रगतिशील विचारों का और आम आदमी के संघर्षों का हिमायती कहलाता था। लेकिन दिग्दर्शन ने अक्सर उलटा ही पाया। व्यवस्था के विरुद्ध पाठकों के पत्रों पर भी नजर रखी जाती थी। और अगर कभी कुछ छापा भी तो काफी काट-छाँट के बाद। लोकतंत्र के मुखौटे के पीछे जो तंत्र छिपा था, उसका अक्स सिर्फ राजनीति में ही नहीं अखबार में भी दिखाई पड़ता था। एक ऐसा तंत्र बना लिया था जिसे बेध पाने की कोई राह दिखाई नहीं पड़ रही थी।

दिग्दर्शन को लगने लगा था कि वह स्वयं भी इस तंत्र का हिस्सा बन रहा है। जो अखबार की राय थी, वही उसकी राय भी बनने लगी थीं। अपना स्वतंत्र मत वह प्रकट नहीं कर सकता था। उसने कुर्सी तो पाई थी, लेकिन बहुत कुछ खो दिया था। जिस कार्यक्षेत्र को उसने मूल्यों के लिए चुना था, वहीं वह उनकी महीन बुनावट में फँस गया था। अखबार के उस पृष्ठ तक ही उसकी दुनिया सिमट गई थी जो हर रोज बिना नागा किए तैयार करना होता था।

उस रोज सम्पादक शिवनारायण जोशी जल्दी ही चले गए थे अपने कार्यालय से जाते-जाते दिग्दर्शन को अपने केबिन में बुलाकर कहा था, 'मेन स्टोरी तो लग ही गई है। फिर भी मुखपृष्ठ भी देख लेना। प्रूफ की गलती न रह जाए। आज आपको ही सब देखना है।'

दिग्दर्शन को मिलाकर तीन उपसम्पादक थे। शेष दो भी छुट्टी पर थे। इसलिए सारा भार दिग्दर्शन पर आ गया था।

उसे पल-भर की भी फुरसत नहीं मिली थी। लगभग सारा कार्य उसने पूरा कर लिया था। मुखपृष्ठ की सामग्री तैयार हो चुकी थी। बस, आखिरी प्रूफ देखना था। एक समाचार काफी देर से मेज पर पड़ा था। जिसे वह कई बार पढ़ चुका था। हर बार समाचार के भीतर से कुछ ऐसा निकल आता था, जो उसकी अन्तःचेतना पर चोट कर रहा था। समाचार पढ़कर उसने एक बार फिर

से एक ओर सरका दिया था। मुखपृष्ठ की सुर्खियों पर उसने एक नजर डाली सब कुछ अखबार की नीतियों के अनुकूल था।

अचानक उसके मस्तिष्क में कुछ कौंधा और उसने उस समाचार को उठा लिया, जिसे अब तक वह कई बार पढ़कर एक ओर रख चुका था। समाचार एक पाठक ने भेजा था, तार द्वारा, जिसे ज्यादा देर अनदेखा करने का हौसला दिग्दर्शन नहीं कर पा रहा था। आदिम युगीन सभ्यता और संस्कृति वनमानुष की शक्ल में शब्दों का रूप धरकर आ गई थी।

प्रिंटिंग विभाग से बार-बार तकाजा आ रहा था, 'पृष्ठ तैयार होने में... कितनी देर है।' वह हर बार एक ही उत्तर दे रहा था, 'बस, थोड़ी सी देर है... अभी भेजता हूँ।'

मेज पर उपेक्षित पड़ा समाचार दिग्दर्शन का मुँह चिढ़ा रहा था। उसकी रगों में सिहरन भरने लगी थी। उसने समाचार उठाया और उस पर हेड लाइन लिख दी—'राहतकर्मियों ने दलितों की सड़ी लाशों को छूने से इनकार किया।'

दर्द की लहर उसके जिस्म में दौड़ गई। वह अपने आपसे ही भयभीत हो उठा। रोशनी से जगमगाते कमरे में उसे अँधेरे की चीत्कारों का आभास होने लगा था। क्षण-भर को वह सुधबुध खो बैठा था। उखीमठ के भूस्खलनों में दबे, कराहते लोगों की चीख-पुकार सुनाई पड़ने लगी थी। उसकी उँगलियों थमा कलम भी काँप रहा था।

उखीमठ गढ़वाल शिवालिक पहाड़ियों में प्रकृति का जो तांडव हुआ था, उसमें गाँव के गाँव तबाह हो गए थे। भूस्खलनों और पर्वत श्रृंखलाओं के धँसने से अनेक गाँव चपेट में आ गए थे। सैकड़ों लोग पहाड़ की गीली मिट्टी में दब गए थे। सरकारी राहत दल के साथ-साथ गैर सरकारी संगठन भी राहत कार्यों में जुटे हुए थे। रोनलेक में कुछ ज्यादा ही तबाही हुई थी। पूरा गाँव ही खत्म हो गया था। बुरी तरह लाशें सड़ रही थीं, जिन्हें राहतकर्मियों ने हटाना तो दूर उन्हें छूने से भी इनकार कर दिया था। क्योंकि ये लाशें उस गाँव में रहनेवाले दलितों की थीं। राहतकर्मियों के इस फैसले के सामने जिला मजिस्ट्रेट भी बेबस हो गए थे। जबकि अन्य लाशों की तरह इन लाशों को भी हटाना जरूरी था। क्योंकि लगातार जारी बरसात के कारण इन लाशों के लिए विषैले जीवाणु नदियों के जल को प्रदूषित कर रहे थे। जिससे भयानक बीमारियों के फैलने का अन्देशा था। जिसकी चिन्ता राहतकर्मियों को नहीं थी। उन्हें तो बस धार्मिक विधान की

चिन्ता थी जो किसी भी दलित के स्पर्श की मनाही करता है। जिससे वे पाप के भागी बनते हैं। जो मानवीय मूल्यों से भी ऊपर है।

उखीमठ, जोशीमठ आदि अनेक स्थानों पर आई इस प्राकृतिक विपदा को सभी समाचार-पत्रों ने प्रमुखता से छापा था। लेकिन रोन लेक (उखीमठ) की घटना पर सभी ने चुप्पी साध ली थी। यहाँ तक कि जिला मजिस्ट्रेट के बयान को भी तरजीह नहीं दी थी। यानी राहतकर्मियों के इस कुकृत्य पर उनकी मौन सहमति थी। विपदा के मारे गए लोगों की लाशें भी जात-पाँत के घेरों में बँधी हुई थीं।

दिग्दर्शन ने इस समाचार को प्रमुखता से प्रकाशित कर दिया था। अखबार के सम्पादक शिवनारायण जोशी जी स्वयं को जोशीमठ का मूल निवासी कहते थे और उस क्षेत्र को गर्व के साथ देवभूमि कहते हैं। उस स्थान पर हुए इस हादसे पर जोशी जी की क्या प्रतिक्रिया होगी, दिग्दर्शन को अन्दाज था।

मुखपृष्ठ की सामग्री को अन्तिम रूप देकर उसने तसल्ली कर ली थी। दफ्तर छोड़ने से पहले उसने शर्मा को सख्त लहजे में हिदायत दी थी, 'समय पर अखबार छपना चाहिए।'

आखिरी बस के छूट जाने का डर था। इसीलिए वह जल्दी-जल्दी बाहर आकर बस स्टॉप की ओर चल दिया। बस स्टॉप पर इक्का-दुक्का, अखबारों में काम करनेवाले ही लोग थे।

काफी देर से वह घर पहुँचा था। रास्ते-भर उखीमठ की घटना उसके दिलोदिमाग पर छाई हुई थी। उसके भीतर आक्रोश भर उठा था। लेकिन उसे कोई रास्ता नहीं सूझ रहा था।

घर पहुँचते ही उसे थकावट का अहसास हुआ। बिस्तर पर लेटकर भी नींद कोसों दूर थी। अभी भी वही समाचार उसकी चेतना पर छाया था।

काफी देर बाद उसे नींद आई थी। सुबह देर से उठा था। सिर भारी था। नींद की खुमारी से पलकें बोझिल थीं। उठने का मन नहीं था। लेकिन दफ्तर जाना भी जरूरी था। उसे ही समूचा अखबार देखना पड़ रहा था।

वह जल्दी-जल्दी तैयार होकर दफ्तर जाना चाहता था। उसकी व्यग्रता देखकर पत्नी खिन्न हो उठी थी, 'घर आते ही क्यों हो। वहीं खाओ, सो जाओ, उठो फिर काम में लग जाओ...' वह तंग आ गई थी, उसकी इस दिनचर्या से। परिवार को समय दे पाना दिग्दर्शन को असम्भव लगता था। पत्नी की छींटाकशी को अनसुना करके वह दफ्तर के लिए निकल पड़ा था।

वह लोगों की प्रतिक्रिया जानना चाहता था उस समाचार पर। लेकिन बस या रास्ते में उसे ऐसा कोई व्यक्ति नहीं मिला था, जो उस पर चर्चा कर रहा हो। वह सिर्फ हैरान ही नहीं निराश भी होने लगा था। उसे विश्वास था कि लोग इस समाचार को पढ़कर रियेक्ट करेंगे। लेकिन ऐसा कुछ भी नहीं हुआ था।

दरियागंज की भीड़ में बस से उतरते ही उसे जस्सी मिल गया था। जस्सी यानी जसविन्दर जो फ्रीलांसर था। औपचारिक दुआ-सलाम के बाद जस्सी भी आगे बढ़ गया था। दिग्दर्शन को लगा जैसे जस्सी जानबूझकर अनजान बनने का प्रयास कर रहा है।

उसने जस्सी के व्यवहार को झटककर दूर किया, 'ऐसे लोगों की फितरत को मैं अच्छी तरह समझता हूँ,' उसने अपने आप से कहा। जस्सी के विचार से मुक्त होकर वह दफ्तर की ओर मुड़ा।

दफ्तर की सीढ़ियों में ही, जुगल नन्दा मिल गया था। जो उसी के दफ्तर में सहायक था। अजीब-सा मुँह बनाकर बोला, 'आ गए?...' दिग्दर्शन ने उसके अन्दाज पर ज्यादा ध्यान नहीं दिया।

दफ्तर में खामोशी थी जैसे अभी-अभी आकर कोई तूफान गुजरा है। सभी अपने-अपने काम में कुछ ज्यादा ही व्यस्त थे। किसी ने उसके आने का नोटिस भी नहीं लिया था। उसे कुछ अनोखा लग रहा था। कई तरह की आशंकाएँ उसके मन में उठने लगी थीं। वह सीधा अपने कक्ष में आ गया था। चुपचाप कुर्सी पर बैठकर आनेवाले तूफान की प्रतीक्षा करने लगा।

अचानक मेज पर पड़े लिफाफे पर उसका ध्यान गया। लिफाफे पर उसका ही नाम लिखा था। उसने लिफाफा खोला। छोटे से एक कागज पर लिखा था 'योर सर्विसेज आर टर्मिनेटिड फ्रॉम टुडे' (आपको आज से बर्खास्त किया जाता है) हस्ताक्षर शिवनारायण जोशी।

उसने मजमून कई बार पढ़ा। उसे लगा जैसे सब अपनी ही जगह ठहर गया है। वह कुछ देर लिफाफे को हाथ में लिये वैसे ही बैठा रहा। उसके मस्तिष्क में कई प्रकार के विचार उठ रहे थे। जिन पर उसे अभी सोचना था।

उसने लिफाफा मोड़कर जेब में डाल लिया था। उसने कल रात इस स्थिति पर भी विचार किया था। उसने एक गहरी साँस ली और उठकर खड़ा हो गया।

दफ्तर छोड़ने से पूर्व वह शिवनारायण जोशी से मिलना चाहता था। अपने कक्ष से निकलकर जब वह सम्पादक के केबिन की ओर बढ़ा तो बाहर बैठे

स्टॉफ की खुसुरफुसुर से उसे लगा जैसे वे सब उसी के विषय में बात कर रहे थे। उन्हें अनदेखा करके वह सम्पादक के केबिन में पहुँच गया था। कुर्सी खाली थी।

कुछ क्षण वह खाली कुर्सी को अन्यमनस्कता से घूरता रहा। उसके भीतर गहरा आक्रोश पनप रहा था। उसके दिमाग में विचारों की जंग चल रही थी जिसमें वह स्वयं ही लहूलुहान हो रहा था। वह कहना चाहता था, 'उसका अपराध क्या है? सच को सच कहना गलत है?'

केबिन से बाहर आकर किसी भी सहयोगी से मिलने का उसका मन नहीं था। गत वर्षों में उसने काफी कुछ देखा था। जिसने उसके मन की कटुता को और ज्यादा बढ़ाया था।

वह सीढ़ियाँ उतरकर बाहर आ गया था। सड़क पर भीड़ और ज्यादा बढ़ गई थी।

उस भीड़ में भी वह अकेला था। लेकिन एक अहसास बहुत शिद्दत से उसके मन में उठ रहा था। उसे लग रहा था जैसे वह पिंजरे से मुक्त कोई पक्षी है जो हवा में आकर अपने पंख फड़फड़ा सकता है। नौकरी छूट जाने के दंश को उसने एक झटके से उतारकर फेंक दिया था। आत्मविश्वास में भर एक गहरी साँस खींची जैसे ताजा हवा फेफड़ों में भर लेना चाहता था। उसकी चाल में बदलाव आ गया था। उसके भीतर से जैसे उबलता लावा बाहर आकर फूट पड़ना चाहता था। दिनेशपाल जाटव उसे याद आने लगा था।

('कथाक्रम' दलित विशेषांक, नवम्बर, 2000)

रिहाई

दिसम्बर का महीना था। रात ग्यारह बजे बड़े गेट पर ट्रकों के रुकने और जोर-जोर से होनेवाली बातचीत सुनकर सुगनी जाग गई थी। वह अनिच्छा से उठी थी। मिट्ठन को दो दिन से बुखार चढ़ा हुआ था। वह कुछ देर पहले ही सोया था। सुगनी ने उसे जगाना ठीक नहीं समझा। वह स्वयं ही खेस की बुक्कल मारकर अपनी कोठरी से बाहर आ गई थी। गोदाम के आँगन में हल्की-पीली रोशनी टिमटिमा रही थी। सर्द हवा तीर की तरह कपड़ों के भीतर उतरकर जिस्म को छलनी कर रही थी। सुगनी बड़बड़ाते हुए आँगन पार करके गेट के पास पहुँच चुकी थी, 'इतनी रात में मरा कोण आ गिया है...टेम-बे-टेम बी ना देक्खे हैं...तड़के ही आ जात्ते रात में बी चैन ना है...करम जलों को...' उसने मन ही मन कहा।

ताला खुलने की आवाज पर उसने चिल्लाकर पूछा, "गेट पे बाहर कोण है?" "सुगनी जल्दी से मिट्ठन को उठा। ट्रक आए हैं। माल उतारना है।" लाला रामसुख लाल ने किवाड़ों को सरकाते हुए कहा।

ट्रकों के आने से ही सुगनी सहम गई थी। मिट्ठन को तेज बुखार है, उसे कैसे उठाए...यह खयाल ही उसे भयभीत कर रहा था। उसने हड़बड़ाहट में लाला से पूछा, "इतनी रात में..." बात पूरी होने से पहले ही लाला ने उसे डपट दिया, "ज्यादा जबान ना चला...जा उसे उठा...इतना टाइम नहीं है। जल्दी से माल उतारना है।"

लाला की आवाज सुनकर मिट्ठन की नींद भी टूट गई थी। उसने उठने की कोशिश की। लेकिन उठा नहीं गया। लेटे-लेटे ही चिल्लाया, "सुगनी...कोण हैं इतनी रात में...दरवज्जा किन्ने खोल्ला है?" मिट्ठन की धीमी आवाज...

सुनाई दी। वह तेजी से कोठरी की ओर लपकी। उसे डर था कहीं मिट्ठन इतनी ठंड में बाहर न निकल आए।

"तुम क्यूँ उठ रे हो...थारा जी ठीक ना है..." सुगनी ने उसके इर्द-गिर्द कपड़ा लपेटते हुए कहा, मिट्ठन का शरीर आग की तरह तप रहा था।

"अरी, बाहर है कोण?" उसने जोर देकर पूछा।

"लाला है...टिरक आए हैं। माल उतारना है," सुगनी ने उसे लिटाते हुए कहा।

"इत्ती रात में..." मिट्ठन ने हैरानी जताई।

"मिट्ठन...ओ मिट्ठन...अबे वहीं दुबका रहेगा या बाहर भी आएगा..." लाला ने आँगन से ही आवाज दी।

लाला की आवाज सुनकर मिट्ठन फिर से उठने लगा। सुगनी ने उसे रोका, "लेटे रहो...मैं जाती हूँ..." वह तेजी से बाहर निकल गई। मिट्ठन चुपचाप उसे देखते रह गया। सुगनी ने जाते-जाते छुटकू के ऊपर कपड़ा ठीक से कर दिया। छुटकू गहरी नींद में था।

सुगनी ने लाला से कहा, "वो तो बुखार में पड़े हैं...तीन दिन से।" सुगनी के धीमे स्वर में दीनता भरी हुई थी।

"बुखार में पड़ा है?" लाला ने हैरानी से सवाल दागा, "ये सारे ट्रक इसी टाइम खाली होने हैं। रात ही रात में इन्हें वापस भी जाना है। एक दिन भी ये यहाँ रुक गए तो जानती हो कितना नुकसान होगा...हजारों रुपए का...कौन भरेगा इस नुकसान को। उससे कह उठकर बाहर आए...ट्रक से माल उतरवाकर गोदाम में लगवाए..." लाला ने बेरहमी से सुगनी को डाँट पिलाई।

"लालाजी...वो तो उठ बी ना पा रहे हैं...जी बहौत खराब है," सुगनी ने रुआँसी होकर कही।

"मैं सब जानता हूँ...मुफ्त की रोटी खाने की आदत पड़ गई है...दिन-भर खाओ...काम-धन्धा तो कुछ है नहीं...जब काम पड़े तो बहाने करके लेट जाओ..." लाला ने तीखे शब्दों में कहा। सुगनी चुपचाप सुन रही थी।

लाला ने ट्रकों के साथ आए ठेकेदार से कहा, "ठेकेदार जी, ट्रक को बैक करके इस गोदाम के ठीक सामने लगाओ। मजदूरों से कहो फुर्ती से ट्रक खाली करें। कल शहर में चक्का जाम है। पाँच बजने से पहले ट्रक निकल जाने चाहिए।

मजदूर आग जलाकर उसके इर्द-गिर्द बैठे हुए थे। पोर-पोर कँपा देनेवाली ठंड में, आग की आँच भी जैसे मन्द पड़ गई थी। फटी-पुरानी चादरें शरीर पर लपेटकर वे काम में जुट गए थे।

सुगनी गोदाम में एक किनारे खड़ी थी। मजदूरों की चुस्ती-फुर्ती देखकर वह दंग थी। नब्बे-सौ किलो की बोरी पीठ पर लादकर वे इत्मीनान से चल रहे थे। देखते ही देखते गोदाम में बोरों की थप्पियाँ लग गई थीं। सुगनी बोरियाँ लगवाने में मजदूरों की मदद करने लगी थी। गोदाम की हलचल और शोर-शराबे ने मिट्ठन को कोठरी से बाहर आने के लिए बाध्य कर दिया था। कोठरी में लेटे रहना मुश्किल हो गया था। वह हिम्मत जुटाकर कोठरी से बाहर निकल आया था। बाहर आते ही हवा की सिहरन उसके जिस्म को कँपा गई थी।

धीमे-धीमे चलकर वह गोदाम में आ गया था। उसे गोदाम में देखकर सुगनी चौंकी, "तुम क्यों आ गए...ठंड लग जागी...जाके लेट जाओ।"

लाला ने भी मिट्ठन को देख लिया था। उसे देखते ही लाला ने लगभग चीखते हुए कहा, "क्यों बे! मैंने तुझे यहाँ मुफ्तखोरी के लिए रखा है क्या... तीन-तीन जनों का पेट पल रहा है इस गोदाम से। फिर भी बहानेबाजी किए बिना तू मानता ही नहीं...क्या इरादे हैं तेरे...चूतड़ों पे चर्बी चढ़ गई है..."

"लालाजी...बुखार है...उठा ही ना जाता..." मिट्ठन ने धीमे से कहा।

"रहने दे ये सब...जाके बोरी लगवा...चार ट्रकों का माल उतरना है। ये ही तो दिन है दो पैसे कमाने के...रोज-रोज की हड़तालें, बन्द, चक्का जाम... ऐसे में तू बीमार पड़ जाएगा तो गोदाम का काम कौन देखेगा...तेरी लुगाई से तो तीस-पैंतीस किलो का कट्टा भी ना उठे है..." लाला ने उसे नसीहत दी।

लाला की बात से सुगनी कुढ़ गई। उसके मन में आया, "हाँ, लाला मैं तो तीस-पैंतीस किलो ना उठा सकूँ...थारी लुगाइयाँ तो सौ-सौ किलो के बोरे फूल की तरह उठा के यहाँ से वहाँ रख दें..." लेकिन वो कह नहीं पाई। मन का गुबार मन में ही घुटकर रह गया। मिट्ठन चुपचाप बोरियों की ओर चल दिया था।

ठेकेदार पास ही था। उसने लाला की ओर व्यंग्य से देखा। अजीब-सा मुँह बनाकर बोला, "लाला, ये आन्दोलन थोड़े दिन और चल गया तो दोगुने-तिगुने दामों में बिकेंगी गेहूँ की बोरियाँ, कर्फ्यू लग गया तो फिर समझो चाँदी ही चाँदी, गेहूँ नहीं सोना बेचोगे..."

"ठेकेदार जी...पुराने दिन लद गए...अब तो नीचे से ऊपर तक न जाने कितनों की जेबें भरना पड़ता है। आन्दोलनकारी अलग से चन्दा माँगते हैं," लाला ने बात को दूसरी ओर मोड़ना चाहा। ठेकेदार भी लाला की नस-नस पहचानता था। उसी लहजे में बोला, "लाला आपकी जेब से क्या गया। दस की चीज बीस में बेचोगे..." लाला खिसियाकर रह गया। लेकिन कुछ कह नहीं पाया। उनके बीच खामोशी छा गई थी।

ठेकेदार को भी लगा, जैसे उसने कुछ ज्यादा ही कड़वी बात कह दी है। कड़वाहट कम करने के उद्देश्य से ठेकेदार ने बात बदलकर कहा, "लाला, गोदाम तो बढ़िया बनवाया है। बाहर से देखने पर तो पता ही नहीं चलता कि अन्दर इतना बड़ा गोदाम होगा।"

लाला ने खीसें निपोरते हुए कहा, "बस जी, अपना क्या है...सब सियापति रामचन्द्रजी की किरपा है।"

गोदाम क्या पूरा किला था। ऊँची-ऊँची दीवारों के घेरे में लम्बे-चौड़े गोदाम बने हुए थे। मुख्य द्वार पर लोहे का भारी-भरकम दरवाजा था। जिस पर हर समय ताला पड़ा रहता था। हर तरह से सुरक्षित।

सुगनी और मिट्ठन कई बरसों से इसी गोदाम में बन्द थे। बाहर जाने की इजाजत नहीं थी। राशन का इन्तजाम लाला खुद करता था उनके लिए। दिन-रात गोदाम में रहकर गोदाम की रखवाली से लेकर रख-रखाव तक उसके जिम्मे था। बाहर का ताला लाला के आने पर ही खुलता था।

माल लाने-ले जानेवाले ट्रक-ड्राइवरों, क्लीनरों के माध्यम से ही उनका बाहरी दुनिया से सम्पर्क था। जरूरत की चीजें इनके मार्फत ही आती थीं। गोदाम के इर्द-गिर्द ही उनकी दुनिया थी।

साँझ होते ही गोदाम भाँय-भाँय करने लगता था। गोदाम में बिजली के बल्ब लगे थे, जो रात को भी दिन में बदल देते थे। फिर भी रात की खामोशी चारों ओर फैली रहती थी।

उनके जीवन में छुटकू काफी देर से आया था। लेकिन उसके आते ही उनकी दुनिया ही बदल गई थी। इस सुनसान में भी जैसे फूल महकने लगे थे। बच्चे की किलकारियों ने खामोश सन्नाटों को खत्म कर दिया था। छुटकू के आ जाने से वे अपने दुःख-तकलीफ भी भूलने लगे थे। यदि उनके जीवन में छुटकू न होता तो यह गोदाम किसी काल कोठरी से कम नहीं था उनके लिए।

मिट्ठन हमेशा सोचता था कि सुगनी और छुटकू को शहर लेकर जाए। खूब घुमाए, अच्छी-अच्छी चीजें खरीदे। लेकिन लाला का चेहरा देखते ही उसकी बोलती बन्द हो जाती थी। लाला गुस्से में उफन पड़ता था। गाली-गलौच के साथ ऐसी दहशत पैदा कर देता था कि मिट्ठन भय से काँपने लगता था।

सुगनी इस कैद से मुक्त होना चाहती थी। वह हमेशा मिट्ठन से कहती थी, "कोई रास्ता ढूँढ़ो...यो गोदाम तो म्हारी जिनगी ले लेगा।" मिट्ठन को कोई रास्ता ही नहीं सूझ रहा था।

गोदाम में लम्बा-चौड़ा आँगन था। मिट्ठन की कोठरी के पीछे भी काफी जगह खाली पड़ी थी। सुगनी ने एक रोज मिट्ठन से खाली जमीन में साग-सब्जी उगाने की बात कही, "रोज दाल खाते-खाते भी तो मन ऊब जाता है।" मिट्ठन ने सुगनी की ख्वाहिश लाला से कह दी। सब्जी उगाने की बात सुनते ही लाला बिफर पड़ा, "तेरा दिमाग तो ठीक है। तू गोदाम में खेती करेगा...तुझे यहाँ खेती करने के लिए नहीं, गोदाम की देखभाल के लिए रखा है। जा, गोदाम की बत्ती बुझाकर ताला बन्द कर दे। भर पेट रोटी मिलते ही हरी सब्जियाँ याद आने लगीं।

मिट्ठन सिर झुकाए बत्ती बन्द करने गोदाम की ओर चल दिया था। लाला की डाँट-फटकार ने उसके मन में हीनता बोध गहरा दिया था। सुगनी ने भी यह वार्तालाप सुना था। वह लाला का विरोध करना चाहती थी, लेकिन एक अज्ञात भय ने उसे रोक दिया था। वह कसमसाकर रह गई थी, मन ही मन लाला को कोसने लगी थी।

लाला ने जाते-जाते एक बार फिर से मिट्ठन को चिल्लाकर हिदायत दी ही थी, "गोदाम में कोई सब्जी-वब्जी उगाने की जरूरत नहीं है। बीच के गोदाम की सफाई कर देना। कल माल आएगा।"

लाला के चले जाने के बाद सुगनी और मिट्ठन जैसे एक दूसरे से नजरें चुरा रहे थे।

आखिरी ट्रक खाली होते-होते चार बज गए थे। आखिरी ट्रक का ड्राइवर सरदार था। लाला ने उसे पुकारा, "सरदार जी, गेट से जरा सँभालकर ट्रक निकालना। पहले ट्रक ने दीवार में टक्कर मार दी थी।"

"फिकर ना करो लाला...मेरी गड्डी सधी हुई है। मेरे इशारे पे चलती है।"

ड्राइवर ने कुछ ऐसे लहजे में कहा कि लाला खिसियाकर रह गया।

मिट्ठन और सुगनी अभी तक गोदाम में ही थे। मजदूर बचे हुए बोरों को रख रहे थे। मिट्ठन बोरों के साथ पीठ टिकाकर खड़ा था। उसे कमजोरी महसूस हो रही थी। सुगनी मजदूरों के साथ बोरे लगाने में मदद कर रही थी।

अचानक सबसे ऊपर का बोरा खिसककर मिट्ठन के ऊपर आ गिरा। मिट्ठन मुँह के बल जमीन पर गिर पड़ा था। बोरा उसकी पीठ पर गिरा था। उसकी चीख निकल गई थी। जिसे सुनकर सभी उसे बचाने दौड़े थे। मजदूरों ने उसके ऊपर से बोरा अलग किया। मिट्ठन दर्द से तड़प रहा था। उसे तड़पता देखकर सुगनी दहाड़ें मार-मारकर रोने लगी थी। मिट्ठन की पीठ में चोट लगी थी। मजदूर उसे उठाकर उसकी कोठरी में ले गए थे।

लाला लगातार बड़बड़ा रहा था जैसे मिट्ठन जानबूझकर इतने भारी बोरे के नीचे लेट गया था। ठेकेदार ने लाला से कहा, "इसे अस्पताल ले जाओ। लगता है रीढ़ की हड्डी टूट गई है।" लाला ने ठेकेदार की बात जैसे अनसुनी कर दी थी। अपनी ही रौ में बड़बड़ाते हुए बोला, "ये अनपढ़-जाहिल होते ही निकम्मे हैं...अब इन्हें यहाँ से निकालना ही पड़ेगा।"

इस दुर्घटना से लाला की चिन्ता बढ़ गई थी। मिट्ठन की चिन्ता उसे नहीं थी। चिन्ता थी कि अब गोदाम की रखवाली कौन करेगा।

मिट्ठन को कोठरी में लिटाकर मजदूर अपने-अपने ट्रक में चढ़ गए थे। एक दहशत-भरी चुप्पी उनके चेहरों पर छाई हुई थी। उन्हें लग रहा था कि मिट्ठन को अस्पताल ले जाना चाहिए था। लेकिन लाला का रवैया देखकर वे सब चुप थे। ठेकेदार ने गोदाम से बाहर निकलते हुए एक बार फिर कहा, "लाला, उसे अस्पताल ले चलो। उसे बहुत ज्यादा चोट लगी है, मर भी सकता है।" लाला ने तिक्तता से कहा, "तुम लोग ट्रक लेकर निकलो। कहीं फँस ना जाओ। मुझे क्या करना है, वह मैं देख लूँगा।"

ट्रकों के जाते ही लाला ने गोदाम का बड़ा गेट बन्द करके बाहर से ताला लगा दिया था। मारुति में बैठकर शहर की ओर चल दिया था।

उनके जाते ही गोदाम में सन्नाटों के साए फैल गए थे। लेकिन मिट्ठन की घुटी-घुटी सर्द कराहटें वातावरण को बोझिल कर रही थीं। सुगनी का रोना इस वातावरण को भयावह बना रहा था।

सुबह होते-होते मिट्ठन की तबीयत बिगड़ गई थी। उसकी साँसें रुक-रुककर चल रही थीं। आँखें बन्द थीं। चेतना पर बेहोशी छाई हुई थी, एक-एक

पल भारी लग रहा था। सुगनी को लगने लगा था कि अब मिट्ठन नहीं बचेगा। सुगनी की समझ में नहीं आ रहा था, क्या करे। आसपास भी कोई नहीं था जो मदद करता। उसे अपनी बेबसी पर रोना आ रहा था। छुटकू अभी सोया था, वह कोठरी से निकलकर गोदाम की ओर भागी। उसने दरवाजा खींचने की कोशिश की। दरवाजा बन्द था। वह जानती थी, इस वक्त यहाँ कोई नहीं होगा, फिर भी दरवाजा पीट-पीटकर मदद के लिए चिल्लाने लगी। शायद आवाज सुनकर कोई आ जाए। वह चीख रही थी। साथ ही लोहे के किवाड़ों को जोर-जोर से पीट रही थी। लेकिन इस सुनसान जगह में कोई सुननेवाला नहीं था। उसने दरवाजा पीटने में अपनी पूरी शक्ति लगा दी थी। लेकिन लौहद्वार इतना सुदृढ़ था कि उस पर सुगनी के प्रहारों का कोई असर नहीं हुआ।

उसकी चीख-पुकार और दरवाजे पर पड़नेवाली चोटों के शोर से छुटकू भी जग गया था। वह आँख मलते हुए कोठरी से बाहर निकला। माँ को इस तरह दरवाजे से जूझते देखकर उसकी समझ में कुछ भी नहीं आया। कुछ पल वह विस्फारित नेत्रों से माँ को देखता रहा। उसे लगा कोई बात जरूर है। उसकी नजर दीवार के पास पड़े ईंट के अद्धे पर गई। उसे उठाकर उसने दरवाजे पर दे मारा। ईंट छोटे-छोटे टुकड़ों में बिखर गई थी।

सुगनी ने दरवाजा पीटने में पूरी ताकत लगा दी थी। वह चीखते-चीखते थककर निढाल हो गई थी। लुढ़ककर गिर पड़ी थी। उसे गिरते देखकर छुटकू उसकी ओर दौड़ा। सुगनी बेसुध पड़ी थी। छुटकू उसे इस तरह पड़ा देखकर चिल्लाने लगा, "माँ।...माँ...लेकिन सुगनी का शरीर निश्चल था। छुटकू उससे लिपटकर रोने लगा। फिर भी जब माँ के जिस्म में कोई हरकत नहीं हुई तो वह कोठरी की ओर भागा। उसने मिट्ठन को पुकारा। लेकिन प्रत्युत्तर न पाकर, वह मिट्ठन को जगाने लगा, "बापू...बापू...उठो...माँ को कुछ हो गिया है..."

मिट्ठन की निर्जीव देह में कोई हरकत नहीं थी। छुटकू चिल्लाते-चिल्लाते थक गया था। वह जोर-जोर से रोने लगा, "बापू...उठते क्यूँ नी...माँ को देखो..." काफी कोशिशों के बाद भी जब मिट्ठन नहीं उठा, तो छुटकू फिर बाहर की ओर भागा।

माँ और बाप की हालत देखकर, वह घबरा गया था। गोदाम का कोना-कोना उसने छान डाला, इस उम्मीद में कि शायद गोदाम में कोई हो जो उसके माँ-बाप को बचा सके। उसने रात में ट्रकों की आवाज सुनी थी। रात में गोदाम

में हलचल थी। लेकिन नींद ने उसे उठने ही नहीं दिया था। दिन होता तो वह ट्रक में चढ़कर उछल-कूद मचा देता।

गोदाम का दरवाजा खुला था। जिसमें बोरों की थप्पियाँ लगी थीं। उन्हें देखकर छुटकू चौंका। कल तक तो यह गोदाम खाली था। उसे लगा रात में ये बोरे ही उतरे हैं। वह अपने माँ-बाप को इन बोरों से जूझते देखता था। उसे मन ही मन इन बोरों पर गुस्सा आने लगा था। उसने गुस्से में एक बोरे पर लात मारी।

लेकिन लात मारने से बोरे पर कोई असर नहीं हुआ। वह कोठरी की ओर दौड़ा। कोठरी के आले में एक माचिस रखी थी। उसी पर अचानक उसकी नजर पड़ी। उसने लपककर माचिस उठाई। दौड़ते हुए गोदाम में घुसा। माचिस की तीली जलाकर बोरे में लगा दी। देखते ही देखते बोरा सुलग उठा। बोरे को सुलगते देख छुटकू को लगा जैसे उसने दुश्मन को पहचान लिया है। आग बढ़ने लगी थी। अनाज के जलने की महक छुटकू ने महसूस की।

गोदाम धुएँ से भर गया था। छुटकू के लिए गोदाम में खड़ा रहना अब मुश्किल था। वह बाहर आँगन में निकल आया था। कुछ देर बाद धुआँ गोदाम से बाहर निकलने लगा था। छुटकू आँगन के दूसरे छोर पर बैठकर जलते गोदाम को देख रहा था। उसके बालमन में गहरी वितृष्णा भर गई थी। उसे लाला पर गुस्सा था। जब लाला गोदाम में आता था, उसकी माँ और बापू को डाँटता, फटकारता था। लाला के व्यवहार ने छुटकू के मन में इतनी खरोंचे भर दी थीं कि उसे लाला से घृणा होने लगी थी। लाला को देखते ही वह सहम जाता था। उसके मन में तरह-तरह के सवाल उठते थे। जो उसकी समझ से बाहर थे। लेकिन इतना वह समझने लगा था कि लाला उसके माँ और बापू को डाँटता है, गालियाँ देता है। ऐसे क्षणों में वह लाला को घूरता था।

दस बजे के आसपास लाला गोदाम में लौट आया था, उसने दूर से ही गोदाम में उठते धुएँ को देख लिया था। धुआँ देखते ही उसके होश उड़ गए थे। उसने मारुति झटके से रोकी थी। जल्दी से बड़े गेट का ताला खोलकर लोहे का किवाड़ सरकाया। सामने ही सुगनी पड़ी थी। उसे इस तरह देखकर लाला डर गया था। गोदाम जल रहा था। वह मिट्ठन की कोठरी की ओर भागा। मिट्ठन की दशा देखकर उसके बचे-खुचे होश भी गुम हो गए थे। वह कोठरी से फिर गोदाम की ओर भागा। जैसे ही कोठरी से बाहर निकला एक पत्थर टन से

उसके सिर पर लगा। वह गिरते-गिरते बचा। उसका सिर भन्ना गया था। उसकी निगाह छुटकू पर पड़ी। वह दूसरा वार करने की तैयारी में था। लाला आपे से बाहर हो गया था। वह छुटकू पर झपटा। छुटकू तीर की तरह बड़े गेट की ओर सरपट दौड़ा, गेट खुला था। वह गेट से बाहर हो गया था। लाला रामसुखलाल गालियों की बौछार करते हुए, उसके पीछे दौड़े।

गेट के बाहर आते ही छुटकू की नजर बाहर खड़ी मारुति पर गई। उसने आव देखा न ताव, बस हाथ का पत्थर मारुति के शीशे पर दे मारा। एक झंकार के साथ शीशा चूर-चूर होकर बिखर गया।

मारुति की बिगड़ी शक्ल को देखकर लाला का रक्तचाप और तेज हो गया था। वह और तेजी से छुटकू की ओर दौड़ा। लाला का रौद्ररूप देखकर छुटकू में और ज्यादा फुर्ती आ गई थी। वह खुली हवा में आ गया था। बिना मुड़े बेतहाशा दौड़ रहा था।

लाला ने काफी दूर तक छुटकू का पीछा किया था। लेकिन उसकी साँस फूल गई थी। रक्तचाप तेजी से बढ़ रहा था। लाला थककर सड़क पर बैठ गया था। गालियों का प्रलाप अभी तक जारी था। जलते गोदाम में पड़ी दो लाशें, मारुति का टूटा शीशा, लाला की हिम्मत पस्त कर गए थे।

अनजान और अजनबी सड़क पर दौड़ते हुए छुटकू को लग रहा था जैसे वह गोदाम की चारदीवारी से हमेशा-हमेशा के लिए मुक्त हो गया है।

('इतवारी पत्रिका', 26 जनवरी, 1997)

ब्रह्मास्त्र

बहस तीखी हो गई थी। इर्द-गिर्द बैठे लोग रविकुमार और ढौंडियाल की इस बहस में रुचि ले रहे थे। टिपटाप का माहौल ही ऐसा था। कभी-कभी तो बहसें इतनी ऊँची हो जाती थीं कि सड़क से गुजरते लोग भी खड़े होकर सुनने लगते थे।

उस रोज भी यही हुआ था। रविकुमार और ढौंडियाल जोर-जोर से एक-दूसरे पर चिल्लाने लगे थे। राजेन्द्र गुप्ता, राजेश सकलानी बीच में न पड़ते तो शायद हाथापाई हो जाती। रेस्टोरैंट के मालिक प्रदीप गुप्ता इत्मीनान से खड़े होकर इसका लुत्फ उठा रहे थे। वे जानते थे अभी कोई न कोई दोनों को अलग करा देगा, और बहस किसी दूसरे मुद्दे पर चली जाएगी। यह हर रोज होता था। रविकुमार ने ढौंडियाल को इंगित करते हुए कहा था, "आपको यह सब व्यर्थ लगता है, जाति-व्यवस्था को आप लोग नजरअन्दाज करते हैं। जबकि वह सामाजिक सच्चाई है। मैं एक घटना आप सबको सुनाता हूँ...घटना की पड़ताल आप लोग खुद कर सकते हैं। ज्यादा पुरानी बात नहीं है।"

अरविन्द नैथानी ने शादी की तारीख पक्की होते ही सबसे पहले कंवल को खबर दी थी। अपनी चिरपरिचित हँसी का ठहाका लगाते हुए उसने दरवाजे पर दस्तखत देते हुए बाहर से ही कंवल को पुकारा था, "कहाँ दुबककर बैठा है, बाहर आओ।" आवाज सुनकर कंवल ने दरवाजा खोला।

"आओ अरविन्द, बहुत खुश दिख रहे हो...क्या बात है?" कंवल ने हँसते हुए अरविन्द को अन्दर खींच लिया।

"खुशी की बात है...शादी की तारीख पक्की हो गई है...एक बढ़िया-सा सूट सिलवा लो...बारात में चलना है..." अरविन्द ने उत्साहित होकर कहा।

"बारात कहाँ ज़ाएगी?" कंवल ने पूछा।

"टिहरी जाएगी बारात," अरविन्द ने उत्तर दिया।

अरविन्द नैथानी और कंवल कुमार दोनों ने डी.ए.वी. कॉलेज से एक साथ डिग्री ली थी। अरविन्द को सर्वे ऑफ इंडिया में नौकरी मिल गई थी और कंवल को बैंक में। कंवल की शादी में अभी देर थी। पिताजी गुजर चुके थे। छोटी बहन और माँ की जिम्मेदारी कंवल पर आ गई थी। कंवल के पिताजी छावनी में सफाई कर्मचारी थे, और गढ़ी डाकरे में रहते थे। अरविन्द के पिताजी भी सर्वे ऑफ इंडिया में थे और हाथी बड़कला सर्वे कॉलोनी में रहते थे। कंवल के पिताजी ने रिटायरमेंट के बाद करनपुर में एक छोटा-सा मकान खरीद लिया था।

माँ चाय ले आई थी। माँ को देखते ही अरविन्द चहक उठा, "आंटीजी, आप सबको मेरे घर आना है शादी में।"

"जरूर आएँगे बेटा...हम सबकी तरफ से तुम्हें बधाई," माँ ने खुश होते हुए कहा।

"बधाई नहीं आंटीजी, आपका आशीर्वाद चाहिए," अरविन्द ने अपनापन दिखाया।

"खुश रहो बेटा...इसी तरह हँसते-खेलते रहो," माँ ने आशीष दिया।

कंवल को चुप देखकर अरविन्द ने फिर से ठहाका लगाया, "तुम इतने खामोश क्यों हो गए।"

"नहीं...कोई खास बात नहीं है...बैंक में कुछ प्राब्लम है...पता नहीं छुट्टी मिलेगी भी या नहीं। मैनेजर ने कर्फ्यू लगा रखा है," कंवल ने निराशा से कहा।

"कंवल, चाहे जो भी, तुम्हें बारात में चलना है," अरविन्द ने जिद की।

"अरविन्द, मैं खुद इस दिन का इन्तजार कर रहा था...लेकिन इस मैनेजर का क्या करें?" कंवल ने दुखी मन से कहा।

"मैं कुछ नहीं जानता...तुम्हें बारात में चलना है...तुम साथ नहीं होगे तो... मेडिकल लीव ले लेना...अपना डॉक्टर नेगी कब काम आएगा," अरविन्द ने जोर देकर कहा।

अरविन्द का पक्ष लेते हुए माँ ने कहा, "कंवल बारात में जाएगा, परेशान मत हो।" माँ ने अरविन्द को आश्वस्त किया।

कार्ड छपकर आ गए थे। अरविन्द स्वयं आया था, कंवल को कार्ड देने। "बारात सुबह दस बजे रवाना होगी। तुम जल्दी आ जाना," अरविन्द ने कंवल को कार्ड देते हुए कहा था।

एक साथ कई झूठ बोलने पड़े थे कंवल को, तब कहीं जाकर मैनेजर ने दो दिन की छुट्टी मंजूर की थी।

कंवल नौ बजे से पहले ही अरविन्द नैथानी के घर पहुँच गया था। हाथी बड़कला की सर्वे कॉलोनी में काफी चहल-पहल थी। अरविन्द के घर के पास बस खड़ी थी। जिसके इर्द-गिर्द बच्चे धमा-चौकड़ी मचा रहे थे। बस के शीशों पर 'अरविन्द वैडस मीना' के रंगीन कागज चिपका दिए गए थे। ड्राइवर सामने के शीशे को रगड़-रगड़कर चमका रहा था। बस से थोड़ा फासले पर अरविन्द के पापा मिल गए थे। "आओ कंवल, अरविन्द तुम्हारा इन्तजार कर रहा है। जाओ, सभी लोग अन्दर हैं।"

कंवल को देखते ही अरविन्द उछल पड़ा था, "तुम्हारे उस हिटलर मैनेजर ने छुट्टी दे दी...यहाँ आओ...इनसे मिलो...ये हैं मेरे जीजाजी और ये है मेरा भानजा सुधीर आई.आई.टी. दिल्ली में पढ़ाई कर रहा है...जीजाजी ये है मेरा खास दोस्त कंवल कुमार बैंक में है।" अरविन्द ने परिचय कराया। उनसे मिलकर कंवल को अच्छा लगा था।

एक-एक करके बाराती बस में बैठने लगे थे। कंवल अभी भी अरविन्द के पास ही बैठा था पारिवारिक रस्में चल रही थीं। "कंवल, आप भी बस में बैठ जाओ..." जीजाजी ने कंवल से कहा।

"बैठ जाऊँगा...बाकी लोगों को बैठने दीजिए...मेरी फिक्र न करें," कंवल ने आत्मीय स्वर में कहा।

अरविन्द को लेकर घर की स्त्रियाँ बाहर आ गई थीं। अरविन्द ने कंवल से कहा, "चलो, तुम भी सीट ले लो बस में...लम्बा सफर है।"

कंवल बस में बैठने के लिए चल दिया था। अरविन्द अभी भी स्त्रियों के समूह से घिरा हुआ था।

बस में चढ़ने के लिए कंवल ने पायदान पर पैर ठीक से रखा भी नहीं था कि तेजी से आते पंडित माधव प्रसाद भट्ट ने उसे टोका, "तू! कहाँ जा रहा है?" पंडित की आवाज काफी तल्ख थी।

"बारात में जा रहा हूँ..." कंवल ने कड़ुवाहट को अनदेखा करते हुए सहजभाव से कहा।

"बारात में?" पंडित माधव प्रसाद भट्ट ने हैरानी जताई।

"जी हाँ," कंवल अभी भी सहज था।

"तू कैसे जा सकता है बारात में?" पंडित ने तिक्तता से दोहराया।

"क्यों...मैं क्यों नहीं जा सकता हूँ?" कंवल ने पायदान से पैर वापस खींच लिया था और पंडित के ठीक सामने तनकर खड़ा हो गया था।

"तुझे बारात में चलने के लिए किसने बुलाया?" पंडित ने कटुता से कहा।

"अरविन्द ने," कंवल ने सहजता से कहा।

"तू अपनी औकात में रह...यह बारात टिहरी जा रही है...और टिहरी देहरादून नहीं है। यह ध्यान रखना...जा, वापस अपने घर...इसी में खैर है," पंडित का एक-एक शब्द उपेक्षा और घृणा की आग से भरा था। जिसकी तपिश में कंवल एकबारगी झुलस गया था। इस अचानक हमले से वह स्वयं को सँभाल नहीं पाया था। लेकिन दूसरे ही पल में उसने अपने आक्रोश पर काबू पा लिया था। विनम्रता से बोला, "पंडित माधव प्रसाद भट्ट जी...आप..." पंडित ने कंवल की बात बीच ही में काट दी थी, "यह किसी डोम-चमार की बारात नहीं है। यह नैथानियों की बारात है जो टिहरी के ऊँचे ब्राह्मणों में जा रही है। इसमें एक डोम के लिए कोई जगह नहीं है...जा...अपने घर वापस।" पंडित ने तेज नश्तर से कंवल की शख्सियत को तार-तार करके रक्तरंजित करने की कोशिश की।

कंवल को लगा जैसे सामने खड़े माधव प्रसाद भट्ट ने गन्दे नाले में धकेल दिया है। नाले की दुर्गन्ध उसके फेफड़ों में भर गई थी। उसने स्वयं को गन्दगी से बाहर निकालने के लिए हाथ-पैर मारे। लेकिन चारों ओर गन्दगी ही गन्दगी भरी हुई थी। उसका दम घुटने लगा था। उसने पूरी ताकत से चीखकर पंडित पर वार करना चाहा, तब तक पंडित वहाँ से जा चुका था। कंवल ने देखा पंडित अरविन्द के पापा के पास पहुँचकर ऊँची आवाज में चिल्ला रहा था, "विष्णुदत्त नैथानी, यह क्या कर रहे हैं आप? नैथानियों की बारात में डोम... यह नहीं हो सकता...जानबूझकर मक्खी नहीं निगली जाती है।"

विष्णुदत्त नैथानी ने आश्चर्य व्यक्त करते हुए कहा, "पंडित जी, यह क्या कह रहे हैं आप?"

"मैं ठीक कह रहा हूँ नैथानी जी...वो जो बस के पास खड़ा है हरे रंग का एयरबैग कन्धे पर लटकाए...उसे मैं अच्छी तरह जानता हूँ। इसका बाप छावनी में जमादार था। भंगी का काम करता था। आपने भंगियों के साथ कब से रिश्ते बनाने शुरू कर दिए हैं?" पंडित के चेहरे की नसें गुस्से में फड़फड़ा रही थीं। लग रहा था भयानक ज्वालामुखी फटने ही वाला है।

विष्णुदत्त नैथानी परेशान हो उठे थे। उन्हें लग रहा था, 'यह क्या बावेला खड़ा हो गया है।' उन्होंने पंडित जी को शान्त करने के लिए कहा, "पंडित जी, वह अरविन्द का खास दोस्त है।"

"नैथानी जी, आप लोग तो भ्रष्ट हो गए हैं...पुरखों की रीत को भूलकर इन डोम-चमारों से दोस्ती करने लगे हैं...मैं कहे देता हूँ, वह बारात में नहीं जाएगा," पंडित ने अपने दुर्वासा रूप को प्रकट कर दिया था।

"पंडित जी, वहाँ किसी को कैसे पता चलेगा...वह पढ़ा-लिखा, साफ-सुथरा लड़का है," विष्णुदत्त नैथानी ने स्थिति सँभालने के प्रयास किए।

"नैथानी जी...मैं आपको साफ-साफ कहे देता हूँ वहाँ भले ही कोई न पहचाने, यहाँ तो मैं पहचानता हूँ...मैं उसे साथ ले जाने के पक्ष में नहीं हूँ..." पंडित ने दृढ़ता से कहा।

"पंडित जी, आपकी बात सही है...लेकिन..." विष्णुदत्त नैथानी ने अपनी बात कहने का प्रयास किया। लेकिन पंडित ने बात बीच में ही काट दी, "नैथानी जी, जब टिहरी के लोगों को पता चलेगा कि उनके दरवाजे पर एक डोम बाराती बनकर खड़ा है तो उन पर क्या बीतेगी। कभी सोचा है आपने... कौन देगा उनके सवालों का जवाब," पंडित ने आखिरी वार किया।

"पंडित जी, वहाँ के लोगों को पता कैसे चलेगा। कंवल पढ़ा-लिखा है, बैंक में अच्छी पोस्ट पर है। उसे देखकर कोई कह सकता है वह भंगी है," नैथानी ने तर्क देने की कोशिश की।

"आपका दिमाग खराब हो गया है...मैं आपसे ज्यादा बहस नहीं करना चाहता...आपको लगता है उसे ले जाना उचित और जरूरी है तो ले जाइए। लेकिन इस स्थिति में मैं बारात में नहीं जाऊँगा...मुझे क्षमा कीजिए...मैं यहीं से लौट जाता हूँ...वह डोम पढ़ा-लिखा है उसी से शादी के संस्कार भी करा

लेना..." पंडित ने ब्रह्मास्त्र छोड़ दिया था। जो सीधे विष्णुदत्त नैथानी की छाती पर लगा और वे चारों खाने चित हो गए। पंडित माधव प्रसाद भट्ट उनके परिवार के पुरोहित थे। सभी पूजा-पाठ, संस्कार वे ही करते आ रहे थे। परिवार में उनका मान-सम्मान था। नैथानी ने कल्पना भी नहीं की थी, अचानक ऐसा कुछ घटित हो जाएगा। वे गहरे धर्म-संकट में फँस गए थे। उन्हें कुछ सूझ नहीं रहा था। कंवल से सीधे बात करने की न उनकी मन:स्थिति, न साहस।

विष्णुदत्त नैथानी ने पंडित के सामने समर्पण कर दिया था। पंडित की ऊँची और तीखी आवाज सुनकर उनके इर्द-गिर्द खड़े रिश्तेदारों में कानाफूसी शुरू हो गई थी। कंवल दूर खड़ा इस तमाशे को भयभीत नजरों से देख-सुन रहा था।

"पंडित जी, आप बस में बैठिए...मैं देखता हूँ क्या हो सकता है," नैथानी ने बुझे-बुझे स्वर में कहा।

कंवल अभी भी बस के पास खड़ा था। उसके मन में उथल-पुथल शुरू हो गई थी। वह पंडित को डाकरे से ही जानता था। एक भयावह स्थिति में स्वयं को फँसा महसूस कर रहा था। एक ऐसी स्थिति जिसके बारे में उसने सोचा भी नहीं था। गढ़ी डाकरे में बिताए दिन उसे याद आने लगे थे। आँखों में पिताजी का चेहरा साकार हो उठा था। उसे आज भी अच्छी तरह याद है जब पिताजी ने पंडित को सरेआम दौड़ाया था। डाकरे में किराना की दुकान से कंवल के पिताजी सामान ले रहे थे। उसी समय वहाँ पंडित माधव प्रसाद भट्ट आ गया था। उसने पिताजी को डोम कहकर एक ओर हट जाने को कहा। पिताजी ने पैर से जूता निकाला और पंडित की ओर तान लिया था। पिताजी के तेवर देखकर पंडित भाग खड़ा हुआ था। पिताजी ने पंडित को काफी दूर तक दौड़ाया था, "ठहर जा, डिकोत के बच्चे तुझे आज समझाता हूँ डोम किसे कहते हैं।"

यह घटना डाकरे में बहुत दिनों तक चर्चा का विषय रही थी। कंवल के मन में शंका उभर आई थी कि कहीं पंडित उस घटना का प्रतिशोध तो नहीं ले रहा है। उसने इस विचार को अपने खयाल से झटक दिया था। पंडित के विषैले शब्द अभी भी उसके जेहन में गूँज रहे थे। सीने में उठते आवेश को वह दबाए रखने की पूरी कोशिश कर रहा था। उसके मन में एक ही सवाल बार-बार उठ रहा था, "अरविन्द भी पंडित के सामने बेबस ही साबित होगा?"

विष्णुदत्त नैथानी ने गहरी पसोपेश के साथ अरविन्द से कहा, "अरविन्द, एक बहुत बड़ी गड़बड़ हो गई है।"

"कैसी गड़बड़ पापा?..." अरविन्द के मन में कई तरह के विचार कौंध गए थे।

"कंवल को लेकर पंडित जी ने बखेड़ा खड़ा कर दिया है," पापा ने धीमे स्वर में कहा।

"कैसा बखेड़ा?" अरविन्द चिन्तित हो उठा था।

"पंडित जी नहीं चाहते हैं कि हम कंवल को बारात में लेकर जाएँ..." पिताजी ने चिन्ता जताई।

"लेकिन क्यों पापा?..." अरविन्द ने भारी मन से पूछा।

"पंडित का कहना है बारात में कोई डोम-चमार नहीं जाएगा," पिताजी ने दुखी मन से कहा।

"लेकिन पापा, कंवल मेरा सबसे अच्छा दोस्त है...हमारे बीच जात-पाँत कभी नहीं आई...मैं उसे इस तरह घर बुलाकर बेइज्जत नहीं कर सकता..." अरविन्द ने अपने भीतर उठते विश्वास को व्यक्त किया।

"अब तुम ही बताओ, पंडित जी जिद पर अड़े हैं...कह रहे हैं वह जाएगा तो मैं नहीं जाऊँगा, बेटा अगर हमने पंडित की बात नहीं रखी तो जात-बिरादरी हम पर थूकेगी," पापा ने अरविन्द को समझाने की कोशिश की।

"इसका मतलब है आप भी पंडित जी के नजरिए को सही मान रहे हैं," अरविन्द ने अवसाद-भरे लहजे में कहा।

"नहीं, मैं सही नहीं मान रहा हूँ...लेकिन यह समय बहस-मुबाहसे का नहीं है। हमें यह देखना है कि व्यर्थ के किसी झंझट में हम ना पड़ें," पिताजी ने दृढ़ता से कहा।

अरविन्द का चेहरा गुस्से में तमतमा उठा था, "ठीक है, आप अपनी जात-बिरादरी को खुश करने के लिए कंवल को धक्के देकर भगा दीजिए। कहिए कि तुम इसलिए बारात में जाने के सुपात्र नहीं हो क्योंकि तुम भंगी हो..."

"बेटा, यह वक्त गुस्सा दिखाने का नहीं...मामले को रफा-दफा करने का है। दस लोग दरवाजे पर खड़े हैं...तमाशा बन जाएगा," पापा ने अरविन्द के गुस्से को पूरी तरह कुचल दिया था।

"तो बताइए मैं क्या करूँ...शादी मेरी है...पहले मैं अपने दोस्तों को घर बुलाऊँ और फिर समाज के भय से उन्हें अपमानित करके घर से भगा दूँ...यही चाहते हैं आप," अरविन्द का एक-एक शब्द जैसे आग में झुलसकर जिह्वा से बाहर आ रहा था।

कुछ क्षण के लिए सन्नाटा छा गया था। दोनों अपने-अपने भीतर पसरे कोलाहल को भी ठीक से सुन नहीं पा रहे थे। खामोशी तोड़ते हुए पापा ने कहा, "अरविन्द, तुम कंवल को समझा-बुझाकर वापस भेज दो...।"

"यह मुझसे नहीं होगा...मैंने खुद जाकर निमंत्रण दिया था उसे," अरविन्द ने भर्राए स्वर में कहा।

"नही बेटा...मेरी बात मान लो..." पापा गिड़गिड़ाए।

"कैसे कह पाऊँगा मैं...मैं उसकी नजरों का सामना कैसे क़र पाऊँगा..." अरविन्द जैसे स्वयं से ही लड़ रहा था।

"यह तुम ही कर सकते हो...और ज्यादा देर करना ठीक नहीं है... शुभ कार्य से पहले किसी भी प्रकार का विघ्न नहीं होना चाहिए। तुम एक नई जिन्दगी की शुरुआत करने जा रहे हो..." पापा ने अरविन्द को उकसाया।

"जो भी करना हो, आप खुद ही कीजिए...मैं नहीं कर पाऊँगा..." अरविन्द वहाँ से जाने लगा।

"नहीं, अरविन्द, तुम कंवल को समझा-बुझाकर विदा करो...मैं हाथ जोड़ता हूँ...पंडित जी को नाराज करना हमारे हित में नहीं है...इस बात को समझो," पापा ने लगभग रिरियाते हुए कहा।

अरविन्द को लगा जैसे वह एकदम जमीन में गड़ने लगा है। उसका कद छोटा हो गया है। उसका उत्साह और उमंग ठंडा पड़ गया था। बात-बात में ठहाका लगानेवाला अरविन्द जैसे सन्नाटों में घिर गया था। उसकी आँखों के सामने तारे झिलमिलाने लगे थे। वह अन्दर जाकर एक कुर्सी पर धप्प से बैठ गया था। उसे लगा वह कंवल के पास चलकर नहीं जा पाएगा। उसकी हताशा बढ़ गई थी।

अरविन्द ने अपनी छोटी बहन को आवाज दी, "रश्मि! बाहर कंवल खड़ा है। उसे बुलाकर लाओ, जल्दी से..."

रश्मि कंवल को लेकर आ गई थी। कंवल को कन्धे पर लटका बैग भारी लगने लगा था। वह बेमन से अरविन्द के पास चलकर आया था। अज्ञात आशंकाएँ उसे भयभीत कर रही थीं।

कंवल को देखते ही अरविन्द की आँखें छलछला उठी थीं। आवाज भर्रा गई थी। शब्द गले के भीतर ही अटक गए थे। कंवल ने अरविन्द के चेहरे पर उभरी रेखाओं में अपने लिए सन्देश पढ़ लिया था। कुछ कहने की जरूरत नहीं रह गई थी। पल-भर के लिए जैसे समय थम गया था।

कंवल ने अरविन्द का कन्धा थपथपाया, "दिल छोटा मत कर यार...अपना क्या है...तुम खुशी-खुशी बारात लेकर जाओ...हमारी चिन्ता मत करो।" कंवल ने अन्तस् में उठते भावावेग और गुस्से को मुस्कुराहट में बदलने की कोशिश की।

"कंवल! मुझे माफ कर देना...यहाँ कुछ नहीं हो सकता है...सड़ चुका है सब कुछ..." अरविन्द अपनी बात पूरी नहीं कर पाया था...फफक पड़ा था।

कंवल ने अरविन्द के कन्धे को पूरी आत्मीयता से दबाया। जैसे सान्त्वना देने की कोशिश की। अरविन्द ने डबडबाई आँखों से कंवल की ओर देखा। लेकिन कंवल उन आँखों की ओर देखे बगैर तेज कदमों से बाहर जाने के लिए मुड़ा।

बस के पास पंडित खड़ा था। कंवल को आते देखकर उसके चेहरे पर घृणा भाव और ज्यादा गहरे हो गए थे। क्षण-भर को कंवल पंडित के पास रुका। उसने कन्धे पर लटके बैग को एक बार फिर कसकर पकड़ लिया था। पंडित को दौड़ाने का विचार उसकी चेतना में उभरा। एयरबैग पंडित की खोपड़ी पर मारने के लिए बैग कन्धे से उतारा—अरविन्द की छलछलाई आँख सामने आ गई। हाथ वहीं रुक गए थे। कंवल की क्रोधित मुद्रा देखकर पंडित माधव प्रसाद भट्ट दहशत में आ गया था। उसे महसूस हुआ सामने कंवल नहीं उसका बाप खड़ा है। पंडित ने वहाँ से हट जाने में ही अपनी भलाई समझी।

कंवल ने आक्रोश-भरी आँखों से पंडित की ओर देखा। पंडित काफी दूर जाकर खड़ा हो गया था। कंवल ने एक लम्बी साँस खींची और घर की ओर चल पड़ा। उसके भीतर काँच के टुकड़े टूटकर बिखर गए थे। जिसे फिर से जोड़ पाना सम्भव नहीं था।

इतना कहकर रविकुमार चुप हो गया था। टिपटाप में खामोशी छा गई थी। सबके सामने एक ही सवाल था आखिर यह सब कब तक चलता रहेगा... कब तक...!

('वसुधा', 2003)

हत्यारे

कालू के घर के सामने काफी चहल-पहल थी। आस-पड़ोस के बच्चे हुड़दंग मचा रहे थे। झिंगोले-सी चारपाइयों पर मटमैली दुताइयाँ बिछाई हुई थीं, जिन पर इधर-उधर बैठे लोग हुक्का गुड़गुड़ाते हुए ऊँची आवाज में बतिया रहे थे। तम्बाकू की महक से वातावरण कसैला हो गया था।

चारपाई के एक किनारे घुटनों तक धोती खींचे मामचन्द मुँह लटकाए बैठा था। दो-तीन लम्बे कश लगाकर सोल्हड़ ने हुक्के की नली मामचन्द की ओर बढ़ा दी थी। मामचन्द ने बेमन से नली को मुँह से लगाया। तम्बाकू का धुआँ उसे स्वादहीन सा लगा। अन्यमनस्क भाव से उसने नली आगे बढ़ा दी थी। धुएँ की कड़ुवाहट में जवान बेटी की उम्र उसकी आँखों में तैर गई। वह उदास हो गया था।

सोल्हड़ ने कुहनी मारी। मामचन्द को छेड़ते हुए बोला, "ताऊ! क्या बात है मुँह लटकाए बैठे हो?"

मामचन्द ने एक गहरी साँस लेकर छोड़ी। उसके चेहरे पर चिन्ता की लकीरें और ज्यादा गहरी हो गई थीं। आँखों के कोर कीचड़ से भर गए थे। सोल्हड़ के छेड़ने में जो गहरी आत्मीयता थी वह मामचन्द को छू गई थी।

"क्या बताऊँ, जम्माना बहुत खराब आ गिया है। घर में जवान बेट्टी सही ना जा है। छह महीने से घर में बैट्ठा हूँ। बेट्टी के हाथ भी पीले करने हैं। किक्कर (कैसे) होगा। फिकर लगी है," मामचन्द ने भीगे स्वर में मन की बात कही।

"सब ठीक हो जागा ताऊ, अब्बी ते दिल छोटा करके क्यूँ बैठगे हो।" कहने को तो सोल्हड़ कह गया, किन्तु मन के किसी कोने में यही सवाल उसे

भी परेशान कर रहा था। वह भी बेचैन हो उठा था। घर में बैठी जवान बहन आँखों में कंकड़-सी चुभने लगी है। बाप बूढ़ा है, सब कुछ सोल्हड़ को करना है। मामचन्द की आँखों में अपनी पीड़ा की प्रतिच्छाया देखकर वह सिहर उठा था।

वातावरण में चिरायंध फैल गई थी। कालू के आँगन में पचास-साठ किलो का सूअर मारा गया था, जिसे आग में भूना जा रहा था। चट-चट की आवाज के साथ घास-फूस में जलते सूअर के बाल, एक अजीब-सी दुर्गन्ध फैला रहे थे। आग और धुएँ से मिलकर यह गन्ध पूरे मुहल्ले में फैल गई थी।

अड़ोस-पड़ोस की बहू-बेटियाँ हाथ बटाने के लिए आँगन में जुट आई थीं। कोई आटा गूँध रही थी तो किसी के सिल-बट्टे पर लाल मिर्चों का ढेर लगा था। कालू की घरवाली की व्यस्तता भी देखने लायक थी। उसके खुरदरे हाथों में राख ऐसे लगी थी, जैसे अभी-अभी राख के ढेर से निकलकर आ रही है। उसके झुर्रीदार, ऊबड़-खाबड़ चेहरे पर वक्त ने अपनी छाप बहुत ही निर्दयता से छोड़ी थी। जब वह इस घर में बहू बनकर आई थी तो चेहरे की ललाई को कालू अभी तक भूला नहीं है। बस, सलेसर के होते ही सारी जवानी बरसाती पानी की तरह बह गई थी। छोड़ गई थी अपने अक्स जिन्हें देखकर आज वह खुद को भी नहीं पहचान पाती है।

सिल पर मिर्च पीसती रामेसरी की ओर देखकर वह बोली, "अरी लाड्डो! करेक हाथ तावली-तावली चला। टेम नहीं है तेरी घिसर-घिसर का। सूअर दूणा जा रा है। काट-कूट करने में देर ना लगेगी। दरवज्जे पर दस जणे बैट्ठे हैं तो कारज बखत से होणे चाहिए...अरी! बिरम की ताई! करेक उरे आइयो, आके देख तो ले, क्या-क्या सामान लगेगा, या फिर पूजा के बखत कुतिया हगाई होगा।" तड़ से मुहावरा जड़कर कालू के पास जा पहुँची। बोली, "बिरम के बाप, बीस-एक किलो आटा भतेरा होगा। कम तो नी पड़ जागा?"

सूअर के ऊपर आग ठीक करते हुए कालू बोला, "हो जागा। मीट भी तो बहोत है। तू घबरा क्यों रही है। कम पड़ेगा तो देखा जागा। अब तू फटाफट भीतर का काम देख।"

कालू के चेहरे की खिचड़ी दाढ़ी आग की चमक में ऐसे दिख रही थी, जैसे किसी जंगली झाड़ पर काँटे उग आए हों। नंगे बदन पर आँच के चिद्द पसीने की शक्ल में जगह-जगह उभर आए थे। आँखें आँच सह नहीं पा रही

थीं। सिकुड़कर मिचमिचा रही थीं। सख्त लोहे सरीखे हाथ, बाँस से आग ठीक करते-करते ताँबई रंग के दिख रहे थे। लपटों से उसके हाथ के बाल झुलस गए थे, जिनकी चिरायंध सूअर की गन्ध में घुल-मिल गई थी।

चारों ओर ठीक से भुन जाने पर सूअर की चमड़ी को खुरपी से रगड़-रगड़कर, राख और जले बाल उतारने लगा था। बिरम से बोला, "जा, बेट्टा, कुएँ पे बाल्टी ले जा, वहीं धोएँगे इसे।"

बिरम बाल्टी और रस्सी लेकर कुएँ की तरफ चल पड़ा। कालू ने बाहर बैठे बलेसर को हाँक लगाई, "बलेसर! करेक आइयो, कुएँ तक हाथ लगा दो, मेरे केल्ले (अकेले) पे उठेगा नहीं यो।"

दोनों ने मिलकर सूअर को पैरों की ओर से पकड़कर ऊपर उठा लिया था। सूअर भुनकर अकड़ गया था। पैरों के खुर ऐंठकर टेढ़े-मेढ़े हो गए थे। चमड़ी का रंग मटमैला-सा हो गया था। सूअर बेहद डरावना लग रहा था।

अन्दर अँधेरी कोठरी में सलेसर मैली-कुचैली रजाई ओढ़े लेटा हुआ था। उसका चेहरा एकदम पीला पड़ गया था। शरीर पर सूजन आ गई थी। इस चहल-पहल में भी वह नितान्त अकेला पड़ गया था, इस सीलन-भरी कोठरी में, जहाँ चूहे उछल-कूद करके उसका मन बहला रहे थे।

चारपाइयों पर पसरे लोगों की चर्चा का विषय भी बदल गया था। भरे-पूरे जिस्म का सूरजा भगत रोबीले व्यक्तित्व का मालिक था। आसपास के गाँव में उसकी भगताई का डंका बजता था, जात-बिरादरी में। उसकी भगताई का लोहा अच्छे-अच्छे मान चुके थे। लम्बी दाढ़ी पर स्नेह से हाथ फेरते हुए अपने खास अन्दाज में बोला, "परसाल की बात है, मैं एक गाँव में गया था। जिसके घर ठहरा था, उसकी लुगाई साल-भर से बिस्तर पर थी। मिरगी के दौरे भी पड़ते थे। बस जी! रात में उसे राख की एक चुटकी चटाई, वह तो खटाक से उठकर बैठ गई। वो दिन और आज, दौरे पड़ने भी उसी टेम से रुक गए। चुड़ैल की छाया थी। ऐसा बाँधा उस चुड़ैल को कि कभी किसी के पास तक नहीं फटकेगी।"

मामचन्द ने सुरजा की बात से सहमत होकर गर्दन हिलाई, बोला, "भगत जी, कबी-कबार भूत-भात से आमना-सामना हुआ है?"

सुरजा ने करवट बदली, "हाँ, एक दफे आधी रात को मैं अपनी ससुराल जा रहा था। नदी से कोई आधी कोस पर एक पीपल का पेड़ था। देखा तो

वहाँ काफी चहल-पहल थी। पूनम की चाँदनी रात, एक से एक जबर भूत, नाच-गाना चल रहा था। अब जी! मैं दूर खड़ा रहा परेशान-सा। थोड़ा डर भी रहा था मन में। फिर भी हिम्मत करके मैंने देवता का सीमरन किया और आगे बढ़ गया। रास्ता छोड़कर खेतों में से हो लिया। थोड़ी ही दूर चला था। तो पीछे आहट सुनाई दी। मुड़के देखा तो एक लम्बा-चौड़ा भूत पीछे-पीछे आ रहा है। मैं और तेज हो लिया था। उसने मुझे रुकने के लिए आवाज दी। मैंने मन ही मन अपने गुरु को याद किया। मंत्र पढ़कर सरसों फेंकी उसकी तरफ, तो वह भाग लिया। बस मैंने घर की सीध ली।"

सोल्हड़ के चेहरे पर पसीना चुहचहा आया था। हुक्के की चिलम भरने के बहाने उठ गया था। दहशत से उसके जिस्म पर चींटियाँ रेंगने लगी थीं। सूरजा उसे भूत जैसे ही लगने लगा था।

सलेसर चुपचाप कोठरी में लेटा हुआ था। बाहर की हलचल उसके पास बहुत धीमे-धीमे पहुँच रही थी। बीमारी ने उसके तन-मन को ढीला कर दिया था।

उस रोज भरी दुपहर में सलेसर जब काम से लौटा था, उसका बदन अंगारे-सा तप रहा था। आँखें सुर्ख लाल हो गई थीं। आते ही खटिया पर लेट गया था। बुखार उतरने का नाम ही नहीं ले रहा था। रात-भर बड़बड़ाता रहा। कालू के घर में कुहराम मच गया था। झाड़-झंखाड़ करनेवालों को बुलाया गया था। कुछ असर नहीं हुआ, सलेसर की माँ ने सभी देवी-देवताओं की मन्नतें माँगी थी। ग्राम माता को सूअर की बलि-चढ़ाने का वादा किया, "मय्या री! मेरे लाल को अच्छा कर दे। सूअर का बच्चा चढ़ाऊँगी तेरे चरणों में।"

माता की मन्नतें भी प्रभावहीन ही रही थीं। शायद माता कहीं दौरे पर गई हुई थी। बुखार था कि उतरने का नाम ही नहीं ले रहा था। सिर से पाँव तक पूरा शरीर सूज गया था। तीन दिन से सलेसर ने न कुछ खाया, न पिया था। शेर-सा पट्ठा जवान तीन दिन में पीले जर्द पत्ते-सा चेहरा निकल आया। आँखें गुल्लर-सी दिख रही थीं। उसकी कराटों ने पूरे घर को बेचैन कर दिया था।

सूरजा भगत को 'पुच्छा' के लिए बुलाया गया था। सूरजा ने सिर के बँधे बालों को ढीला किया और हुक्का ताजा धुलवाकर चिलम भरी। गर्म-गर्म अंगारों के नीचे दबे तम्बाकू की महक पूरे घर में भर गई। आठ-दस कश लगाने के बाद सूरजा की लम्बी दाढ़ी हिलने लगी थी। मुँह से अजीब-अजीब से शब्द फूटने लगे थे। अर्थहीन, रहस्यमय। सभी की दृष्टि भगत जी की हिलती दाढ़ी

पर टिक गई थी। जिज्ञासा एवं कातरता के भाव आँखों में रेतीले जंगल की तरह उग आए थे।

सूरजा के हाथ एक खास लय-ताल पर हिलने लगे थे, यंत्र चालित से। गर्दन को झटका देकर सूँ-सूँ की आवाज निकल रही थी। जैसे 'स्टीम लाइन' का वाल्व खुल गया हो। दाहिना हाथ बाएँ हाथ पर जोर-जोर से मारकर बोला, "जै रामजी की पंचो।"

आसपास बैठे लोगों में सिहरन भर गई थी। साथ ही श्रद्धा भाव उनकी आँखों में तैर गया था। कालू ने सूरजा भगत के चरणों में माथा टेक दिया था। दयनीय स्वर में हाथ जोड़कर बोला, "महाराज! इस गरीब पे दया करो। लोंड्डा तीन दिन से बिस्तर पर पड़ा है। झाड़-फूँक का कोई भी असर ना हो रिया है। तुम जाणो। जो भी है, भूल-चूक की माफी दे दो। अब तो थारा ही आसरा है।"

सूरजा के भीतर देवता पूरे जोश में आ चुका था। वह उठ खड़ा हुआ था। जोर से हुंकार भरी। एक ही छलाँग में सलेसर की खाट के पास जा पहुँचा। सूरजा के कन्धे पर रखी चादर गिर गई थी। उसे उठाकर, उसका एक सिरा पैर से पकड़कर रस्सी की तरह ऐंठना शुरू कर दिया था। उसे कोड़े की शक्ल में बट लिया। फिर से एक बार जोरदार हुंकार भरी। ढिबरी की मद्धिम रोशनी में सूरजा का चेहरा क्रूर और भयानक दिखने लगा था। आँखों में खून उतर आया था। बिरम ने डरकर माँ की गोद में मुँह छिपा लिया था।

सूरजा ने हुंकार के साथ ही सलेसर पर तड़ातड़ कोड़े बरसाने शुरू कर दिए थे। कालू के भीतर एक कोलाहल सिमट आया था। बिरम की माँ सलेसर की चीखों से सहम गई थी। एक खामोश दहशत उसके रोम-रोम में भर गई थी। आँचल दाँतों में दबाकर वह सिसक उठी थी।

सूरजा अपनी जगह आ बैठा था। सूँ-सूँ की आवाज आरोह-अवरोह जारी था। हाथ हिल रहे थे। कोड़ा सामने पड़ा था। थोड़ी देर का भूचाल थम गया था। सलेसर की कराहट सूरजा की सूँ-सूँ में दब गई थी।

सूरजा ने कालू के हाथ में बताशे रखे। बोला, "इन्हें जल्दी से घर के पिछवाड़े जमीन में गाड़ आओ।"

कालू दीन-हीन-सा हो उठा था। लपककर पिछवाड़े गया और कुछ क्षणों में लौट आया था। सूरजा की सूँ-सूँ धीमी पड़ने लगी थी। कालू को सामने

बैठ जाने का इशारा करते हुए कहा, "कल देवता को एक सूअर चढ़ाओ, सब ठीक हो जाएगा। पीपल का प्रेत था। भरी दुपहरी में ये पीपल के नीचे से निकला। चपेट में आ गया था। सूअर की कल ही बलि चढ़ाना है। देर करना ठीक नहीं।"

कालू की जबान हलक में चिपक गई थी। चाहकर भी कुछ न कह पाया था। गला सूख गया था। घर की हालत छिपी नहीं थी।

बिरम की माँ बोली, "महाराज! एक-दो दिन की मोहलत दे दो। हाथ बहुत तंग है।" देवता धीमे-धीमे फुसफुसाए, "तुम्हारी मर्जी। मुझे जो करना था, कर दिया। खैरियत इसी में है, जल्दी-से-जल्दी करो। प्रेत का जोर भारी है। साथ के साथ इन्तजाम न हुआ तो तुम जानो।"

अगले दिन सुबह ही सुबह कालू ने लम्बरदार रामऔतार त्यागी की हवेली का दरवाजा खटखटाया। वे मूढ़े पर बैठे हुक्का गुड़गुड़ा रहे थे। कालू को सुबह ही सुबह आया देखकर, इशारे से लम्बरदार ने कालू से पूछा, "क्या बात है?"

कालू ने हाथ जोड़कर दयनीयता से दो सौ रुपए माँगे, "जितना जल्दी हो सकेगा लौटा दूँगा लम्बरदार जी।"

लम्बरदार ने कालू को ऐसे घूरा जैसे जाल में फँसे शिकार को देखकर शिकारी देखता है। कागज पर अँगूठा लगवाकर लम्बरदार ने महीने का सूद अग्रिम काट लिया। एक सौ साठ रुपए कालू के हाथ में टिका दिए। कालू ने कृतज्ञता से हाथ जोड़े। लम्बरदार ने हर महीने चालीस रुपए सूद के देने की चेतावनी दी। दस के बारह की दर से दो सौ पर चालीस रुपए बनते हैं। ब्याज के हर एक महीने।

सूअर के गोश्त की महक चारों ओर फैल गई थी। बाहर चारपाइयों पर बैठे लोग जोर-जोर से बतिया रहे थे। उनकी बातें शराब और गोश्त के इर्द-गिर्द सिमट आई थीं।

रात ने अँधेरे की चादर तान ली थी। कुत्तों की चिल्ल-पों बढ़ने लगी थी। टिमटिमाती ढिबरी आले में रखी थी और अँधेरे से लड़ने का प्रयास कर रही थी। सरसों के तेल का दीया गोबर से लिपी-पुती जमीन पर रखा था। उसके सामने पंक्ति में अर्द्ध वृत्ताकार उपलों के अंगारे रखे थे। उनके ठीक पास रोटियों

पर सूअर का पकाया हुआ मीट रखा गया था। बताशे, शराब की दो बोतल। एक छोटी चम्मच से अंगारों पर सूरजा ने घी डाला। वह होंठों ही होंठों में कुछ बड़बड़ा रहा था। घी के जलने की महक से कोना-कोना भर गया था। दो-तीन चम्मच घी डालते ही अंगारे जल उठे। उनमें लौ उभर आई थी। सभी के चेहरे खिल उठे थे। सूरजा के चेहरे पर विजयी उल्लास का गर्व छलछला उठा था। दीये की रोशनी में उसकी लम्बी दाढ़ी और घनी हो गई थी।

परिवार के सभी सदस्यों ने श्रद्धापूर्वक माथा टेक दिया था। अंगारों पर गोश्त, शराब और बताशों का भोग लगाया गया। कलेजी जिसे सूअर के खून में पकाया गया था, प्रसाद के तौर पर सभी को बाँटी गई थी। सूरजा ने कलेजी का एक टुकड़ा जबरन बीमार सलेसर के मुँह में डाल दिया था। जिसे निगलने में सलेसर असमर्थ था। उसके जिस्म में रक्त-प्रवाह धीमा पड़ने लगा था। हाथ-पैर सूजन के कारण भारी हो गए थे।

सूअर का गोश्त और शराब गले से नीचे उतरते ही मोहल्ले की रौनक बढ़ गई थी। देर रात तक शोर-शराबा चलता रहा। कई लोग गोश्त के स्वाद की बढ़-चढ़कर प्रशंसा कर रहे थे। शराब के पेवर (प्योर) होने के गुण ने हलक को ताजगी से भर दिया था। हर एक चेहरे पर राजसी अहम फूटने लगा था। कई लोग भावुक होकर रोने लगे थे। एक-दूसरे से माफी माँग रहे थे। लम्बरदार रामऔतार त्यागी के रौबदाब, बेगार, जुल्म और शोषण की याद खो गई थी। रात के अँधेरे में भी वे सूरज की रोशनी साफ देख रहे थे।

कुत्तों की भी मौज आ गई थी। मिर्च-मसालेदार ढेर सारी हड्डियाँ उनके हिस्से में आई थीं। औरतें अभी तक जूठे-गन्दे बर्तनों की उठा-पटक में उलझी थीं। बर्तन-भांडों की खड़खड़ाहट, चूड़ियों की खनखनाहट से मिलकर रात के यौवन में संगीत लहरी का सृजन कर रही थी।

सूरजा खाना खाते ही चल पड़ा था। अपनी अगली मंजिल की ओर। उसे कहीं दूसरी जगह से बुलावा आया था। जहाँ उसे सुबह तक हर स्थिति में पहुँच जाना चाहिए था। अँधेरी रात में भी वह बिना बाधा के उद्धिष्ट स्थान पर पहुँच ही जाता था। शराब ने उसके जिस्म में विद्युत तरंगें प्रवाहित कर दी थी। ऊबड़-खाबड़ रास्ते भी उसे समतल दिख रहे थे। वह चल नहीं पा रहा था बल्कि हवा में जैसे तैर रहा था। चादर की बुक्कल मारकर वह चल पड़ा था। कालू के आग्रह को भी उसने टाल दिया था।

सुबह होते ही हर रोज की तरह सूरज की किरणें छत पर फैल गई थीं—सूअर अपनी थूँथनी उठाए हूँ-हूँ की आवाज करते इधर-उधर घूम रहे थे। रात-भर की थकावट से कालू के जोड़-जोड़ दु:ख रहे थे। वह कुछ देर अन्यमनस्क-सा चुपचाप लेटा रहा। आँखें बन्द किए। बिरम की माँ ने रात के जूठे भांडे आँगन में रखकर राख से मलने शुरू कर दिए थे। बिरम अभी भी खटोले में गुड़-मुड़ पड़ा हुआ था। मुँह पर मक्खियाँ भिनभिना रही थीं। पास ही भूरा कुत्ता बेसुध पड़ा सो रहा था।

कालू बड़ी मुश्किल से उठा था। हुक्के में गर्म आग रखकर उसने एक लम्बा कश खींचा। तम्बाकू की तीखी गन्ध फेफड़ों में उतर गई। कुछ ताजगी का अहसास हुआ। खेस की बुक्कल मारकर हाजत के लिए जोहड़ की ओर चल दिया था।

बिरम की माँ बर्तन मलकर बिरम को जगाने लगी, "चल बेट्टा! उठ जा! कुएँ ते दो-चार बाल्टी पाणी खेंच दे।" बिरम आँख मलते हुए उठा।

बिरम की माँ सलेसर की कोठरी में गई। देखा तो सलेसर गहरी नींद में सोया हुआ था। माँ ने आवाज दी, "बेट्टा! इब जी कैसा है?" सलेसर ने कोई उत्तर नहीं दिया। उसने माथा छूकर देखा। हाथ-पाँव सुन्न हो गए थे। एकदम सर्द। हाथ जैसे हाथ न हों मांस का एक लोथड़ा-भर रह गया था। बर्फ-सा ठंडा। बिरम की माँ की चीख निकल गई थी। सुबह की उनींदी नींद से मोहल्ला अचकचाकर जाग गया था। कच्ची मिट्टी की दीवारें काँप उठी थीं।

माँ की आवाज सुनकर बिरम भी कुएँ से वापस दौड़ा था। माँ छाती पीट-पीटकर दहाड़ें मार रही थी। "बिरम के बापू! हम लुट गए...देखो! म्हारा जवान बेट्टा हमें छोड़ के चला गया...अरे! यह सब क्या हो गया रे..."

आस-पड़ोस में सलेसर की मौत का समाचार बहुत तेजी से फैला था। भीड़ जमा होने लगी थी। औरतें स्वचालित यंत्र-सी आकर बिरम की माँ से लिपट-लिपटकर रोने लगी थी।

कालू हाजत से लौट आया था। रोने-धोने की दिल दहलानेवाली चीखें उसके जिस्म में छेद करने लगी थीं। एक झटके में ही जैसे वह छलनी-छलनी हो गया था। पैर के तलवे जमीन से चिपक गए थे। आँगन में घुसने तक वह पूरी तरह बिखर चुका था। उसकी आँखों के आगे तारे नाचने लगे थे। जिनमें सलेसर की धुँधली छाया अपने पीले चेहरे पर आँखें फाड़े उसे घूर रही थी। उसके

कानों में जैसे सलेसर की आवाज चीख रही थी, "...मार डाला ना मुझे...मार डाला तुम सबने मिलकर...मेरी हत्या की गई है...तुम हत्यारे हो...हत्यारे...!"

कालू की आँखों में अँधेरे का रेगिस्तान अन्धड़ बनकर उमड़ने लगा था। वह निढाल-सा बैठ गया था। उसकी हड्डियों में रक्त जम गया था। सुबह की किरणें ताजगी खो चुकी थीं। मौत के काले साए ने पूरे मोहल्ले को ढक लिया था।

कुत्ते बेफिक्री से रात की बची हड्डियाँ चबा रहे थे।

('पंजाब केसरी', 22 मई, 1986)

जंगल की रानी

अस्पताल के इमरजेंसी वार्ड में अन्तिम साँसें गिन रहा था सोमनाथ। एक-एक साँस लेने के लिए वह पीड़ा की भयावह राहों से गुजर रहा था। आँखों के सामने कमली का चेहरा धुँधली छाया की तरह बार-बार आ रहा था। शायद कमली का चेहरा ही उसे मौत से जूझने का संकल्प दे रहा था। पिछले दो दिन की घटनाएँ रह-रहकर उसे व्यथित कर रही थीं।

उसकी स्मृति में उनकी कठोर मुद्राएँ ताजा हो उठी थीं। वे उसकी ओर बहुत तेजी से लपके थे। जब तक वह सँभल पाता, वे भूखे लकड़बग्घों की तरह उस पर टूट पड़े थे। उनके हाथों में लोहे की चैन और डंडे थे। एक चेहरे को उसने अनेक बार पुलिस वर्दी में देखा था। अक्सर गांधी चौक के पास के पुलिस थाने में उसकी ड्यूटी रहती थी। उसे अच्छी तरह पहचान लिया था सोमनाथ ने। इस खयाल ने ही उसकी रगों में दहकते जंगल का अहसास भर दिया था।

सुबह की ताजा धूप के साथ ही खबर पूरे शहर में फैल गई थी। सोया-सोया-सा शहर अचानक जाग गया था। रेलवे लाइन के पास पड़ी आदिवासी युवती की लाश ने शहर को झकझोर दिया था। माहौल में शंकाओं-आशंकाओं के बादल घिर आए थे। लाश एक कीमती साड़ी में बेतरतीब से लिपटी हुई थी। भीड़ की फुसफुसाहट धीरे-धीरे शोर में बदलने लगी थी। किसी भी समय भीड़ बेकाबू हो सकती थी। पुलिस ने भीड़ का रुख देखते हुए लाश को पोस्टमार्टम के लिए भेज दिया था।

खबर मिलते ही सोमनाथ घटनास्थल पर पहुँच गया था। वहाँ से अस्पताल की ओर निकल पड़ा था, जहाँ पोस्टमार्टम के लिए लाश को ले जाया गया था। अस्पताल में भी भीड़ का वही हाल था। नागरिक कृति समिति के कार्यकर्ता

सक्रिय थे। जितने मुँह उतनी बातें। सोमनाथ लाश को निकट से देखना चाहता था। पुलिस भीड़ को हटाने का प्रयास कर रही थी।

लाश के चेहरे पर दृष्टि पड़ते ही उसकी धमनियों में रक्त जम गया था। चेहरे की नसें खिंच गई थीं। पूरे जिस्म पर चींटियाँ रेंगने लगी थीं। अन्दर ही अन्दर आग का गोला उठने लगा था।

कल ही तो उसने इस युवती को जीते-जागते देखा था। 'जंगल की रानी...' सहसा उसके मुँह से निकल पड़ा था। वह उसे देखता ही रह गया था। सोमनाथ को लगा था जैसे 'जंगल का फूल...' शहर में आकर भी अपनी सुगन्ध बनाए हुए था। मिट्टी की सोंधी-सोंधी गन्ध उसके चेहरे पर चमक पैदा कर रही थी। गहरा श्यामल रंग, भरा-पूरा शरीर, चेहरे पर ताजगी...उसने जंगल की इस रानी को कैमरे में उतार लिया था।

लाश की इन्तजार में बैठे बूढ़े आदिवासी पर सोमनाथ की नजर पड़ी। जिसकी आँखें पथरा गई थीं। भीड़ में किसी ने बताया था, यह बाप है उस युवती का। अभी-अभी गाँव से यहाँ पहुँचा है। सोमनाथ बूढ़े के पास जा बैठा था। सोमनाथ ने सहानुभूति से उसके कन्धे पर हाथ रखना चाहा, लेकिन आँखों में खंडित अवशेषों को देखकर वह सिहर उठा था। उसने बूढ़े के बिखरे सपनों को पकड़ने की कोशिश की। बूढ़ी आँखों में जवान बेटी की धुँधली तस्वीर थी, जो गाँव से चलकर शहर आई थी, भविष्य की उम्मीदों को साथ लेकर।

अस्पताल में भीड़ थी। लेकिन इस भीड़ में भी बूढ़ा अकेला था। उसे हौसला देनेवाला कोई नहीं था। उसके साथ गाँव से आए हेडमास्टर जीवन वानखेड़े जिसने कमली को बेटी की तरह आगे बढ़ाने के प्रयास किए थे। उसके भविष्य को नया रूप देने की इस कोशिश में उसने खुद ही को झुलसा लिया था। उसी के कहने पर कमली गाँव से शहर आई थी, 'ग्रामीण महिला प्रशिक्षण शिविर' में भाग लेने। गाँव में हेडमास्टर का विरोध करनेवालों की कमी नहीं थी। इस घटना ने हेडमास्टर को भी तोड़ दिया था। सोमनाथ के पूछने पर वह फफक पड़ा था, "हे कायझालं साहेब...(यह क्या हो गया साहब)?"

सोमनाथ ने उसे हिम्मत बँधाई थी। हेडमास्टर जीवन वानखेड़े के मन में यह बात बैठ गई थी—'कमली की मौत' का जिम्मेदार वही है।

सोमनाथ ने 'ग्रामीण महिला प्रशिक्षण शिविर' के उद्घाटन के अवसर पर ही देखा था कमली को। वह 'नया सवेरा' के लिए कवर करने गया था।

शिक्षा विभाग की ओर से आयोजित इस कार्यक्रम में डिप्टी साहब ने विशेष रुचि दिखाई थी।

जीवन वानखेड़े हेडमास्टर ने विस्तार से सोमनाथ को बताया था कमली के बारे में। कमली को गाँव के स्कूल में नौकरी भी हेडमास्टर की सिफारिश पर ही मिली थी। कमली पढ़ने में तेज थी। मैट्रिक के बाद बूढ़े बाप की हैसियत नहीं थी, कमली को आगे पढ़ाने की। वह तो जल्दी से जल्दी उसके हाथ पीले कर देने की जुगत में था। उसने बिरादरी के ही एक लड़के से बात भी कर ली थी। जो बल्लारपुर कॉलरी में काम करता था। जीवन वानखेड़े ने विरोध किया था। वह चाहता था पहले कमली अपने पैरों पर खड़ी हो जाए। हो गई...अपने पैरों पर खड़ी...हेडमास्टर का गला भर्रा आया था।

"डिप्टी साहब दौरे पर गए थे स्कूल का मुआयना करने। कमली को देखकर काफी प्रभावित हुए थे। बहुत देर तक कमली से पूछताछ करते रहे थे। उनके कहने पर ही कमली को 'ग्रामीण महिला प्रशिक्षण शिविर' में भेजा था," हेडमास्टर ने थके-थके स्वर में बताया था।

सोमनाथ 'नया सवेरा' के कार्यालय में लौट आया था। वह बेहद उद्विग्न हो उठा था। पुलिस इसे आत्महत्या का केस बता रही थी। पोस्टमार्टम की रिपोर्ट से भी आत्महत्या की पुष्टि की गई थी। लेकिन सोमनाथ किसी अन्य ही उधेड़बुन में लगा था। उसने कुछ सूत्र जोड़ भी लिए थे। उसकी सोच के घोड़े बेलगाम होने लगे थे। संशय और षड्यंत्र की अधबनी दीवारों पर वह तर्कों के सहारे चढ़ना चाह रहा था। कमली से उसे सहानुभूति हो चली थी। बूढ़े बाप का चेहरा हेडमास्टर की पीड़ा उसे अन्दर ही अन्दर उकसा रही थी।

वह किसी भी निष्कर्ष पर पहुँचने से पहले कमली के बारे में ज्यादा से ज्यादा जानकारी एकत्र करना चाहता था। ऐसे ढेरों प्रश्न उठ रहे थे जिनका समाधान चाहिए था। कमली ने आत्महत्या की है यह खयाल ही उसे गलत और गुमराह करनेवाला लग रहा था। रेलवे लाइन के पास लाश का मिलना वह भी महँगी साड़ी में, जिसकी कभी कल्पना भी नहीं की होगी कमली ने। ये सारे सवाल सोमनाथ के सामने खड़े थे। उद्घाटन समारोह के समय उसने डिप्टी साहब की आँखों में खास चमक देखी थी।

डिप्टी साहब का खयाल आते ही वह पल-भर के लिए उसकी सोच को ब्रेक लग गया था। जैसे कोई सूत्र हाथ में आ गया हो। वह सीधा डिप्टी साहब

के बँगले पर पहुँचा। सोमनाथ ने कॉल-बेल दबाई। कुछ पलों के अन्तराल पर दरवाजा खुला। शराब की तीव्र गन्ध से सोमनाथ का सिर भन्ना गया। डिप्टी साहब धुत्त थे नशे में। उनकी आँखें चढ़ी हुई थीं।

सोमनाथ ने कमली की मौत का समाचार देते हुए पूछा, "आप इस विषय में कुछ कहना चाहेंगे। मैं 'नया सवेरा' का सम्पादक सोमनाथ हूँ।"

डिप्टी साहब गुस्से में भड़क उठे। उनका चेहरा क्रोध में विद्रूप हो गया था। सोमनाथ ने उन्हें शान्त करना चाहा, "डिप्टी साहब, केस बलात्कार का लगता है। पुलिस मामले को रफा-दफा करना चाहती है। इसीलिए आत्महत्या का केस बना रही है। उधर नागरिक कृति समिति ने आन्दोलन खड़ा करने की बात की है। आपका वक्तव्य जरूरी है?"

डिप्टी साहब क्रुद्ध मुद्रा में चीखते हुए बोले, "हू आर यू ब्लडीफूल? यहाँ आने की हिम्मत कैसे की?"

गाली सुनकर सोमनाथ की कनपटी गर्म हो गई थी। स्वयं को संयत रखते हुए बोला, "शायद आपने सुना नहीं, मैंने आपको बताया था—मैं कौन हूँ...मैं दैनिक 'नया सवेरा' का सम्पादक हूँ—सोमनाथ। इससे अधिक अपने बारे में कुछ भी कहना नहीं चाहता। मैं आपकी मदद लेने आया था। कमली जिसकी मौत हुई है, आपके निमंत्रण पर ही शहर आई थी। ग्रामीण महिला प्रशिक्षण शिविर के आयोजक भी आप ही हैं।"

डिप्टी साहब असहज होने लगे थे। उनका गला सूखने लगा था। स्वर में उत्तेजना थी। बोले, "मैं कुछ नहीं कहना चहाता हूँ। लड़की जरूर बदचलन रही होगी। आप पुलिस स्टेशन जाइए। जो भी पूछना है, वहीं जाकर पता कीजिए।" उन्होंने दरवाजा भड़ाक से बन्द कर लिया था।

सोमनाथ अपने कार्यालय में लौट आया था। अपने सहयोगी दिवाकर राय पुरे को जरूरी निर्देश देकर वह कमली के गाँव खापरी के लिए निकल पड़ा था। वहाँ कमली के बारे में जरूरी जानकारी मिलने की आशा थी।

जब वह लौटा तो रात के दस बजे थे। दिन-भर की भागमभाग ने उसे चूर-चूर कर दिया था। उसने दिन-भर के अनुभवों को 'नया सवेरा' के पृष्ठों पर उड़ेल दिया था। उसके भीतर का ज्वालामुखी जैसे फूट पड़ा था। तथ्यपरक रिपोर्ट पढ़कर शहर में खलबली मच गई थी। कई जंगली तेंदुओं के मुखौटे उतार देने की कोशिश की गई थी।

'नया सवेरा' में छपी खबर पढ़कर डिप्टी साहब के चेहरे पर हवाइयाँ उड़ने लगी थीं। गले में जैसे कुछ फँस गया था। आँखों के सामने लाल रक्त में भीगे तारे नाचने लगे थे। अखबार में छपा एक-एक शब्द डिप्टी साहब के भीतर गर्म पारा उड़ेल रहा था।

घबराहट में उसने एस.पी. और एम.एल.ए. को फोन किया। एस.पी. ने डिप्टी साहब को सान्त्वना देते हुए सोमनाथ को सबक सिखाने का भी वादा किया।

एम.एल.ए. ने डिप्टी साहब को छुट्टी पर चले जाने की सलाह दी। वे स्वयं भी आज राजधानी के लिए निकल रहे हैं।

डिप्टी साहब बेचैन हो उठे थे। उसके कानों में भीड़ का शोर गूँजने लगा था। शरीर पर काँटे उग आए थे। कमली का चेहरा, निर्जीव शरीर आँखों में तैरने लगा था। शरीर में झनझनाहट होने लगी थी। घबराहट में माथे पर पसीने की बूँदें चमक आई थीं। उसकी स्मृति में खापरी गाँव घूमने लगा था। जहाँ गत सप्ताह वे दौरे पर गए थे। वही स्कूल में कमली को देखा था। देखा क्या था, कमली डिप्टी साहब के दिलोदिमाग पर छा गई थी। उनके भीतर सोया तेंदुआ जाग गया था। जितनी देर स्कूल में रहे कमली को अपने आसपास ही उलझाए रखा। जैसे कमली को पूरी तरह आँखों में उतार लेना चाहते थे।

डिप्टी साहब शहर लौट आए थे। कमली उनकी चेतना पर छाई हुई थी। वे हर हालत में उसे पाने के लिए लालायित थे। उनके भीतर का वहशी तेंदुआ घात लगाकर बैठ गया था। शिकार को फँसाने के लिए ग्रामीण महिला प्रशिक्षण शिविर का जाल बुना गया था। एस.पी. साहब और क्षेत्र के उभरते लोकप्रिय नेता, विधायक के सहयोग से डिप्टी साहब ने योजना को कार्यान्वित किया था। जाल काफी सोच-समझकर फेंका गया था।

उद्घाटन समारोह में एस.पी. और विधायक जी भी उपस्थित थे। कमली को देखकर उनका भी रक्तदाब बढ़ गया था। वे जल्दी से जल्दी इस जंगली फूल की खुशबू पाना चाहते थे।

रात के दस-साढ़े दस का समय था। विश्राम-गृह के आसपास अँधेरा सन्नाटे बुन रहा था। कमरा नं. चार में डिप्टी साहब के साथ एस.पी. और विधायक जी बेसब्री से कमली का इन्तजार कर रहे थे। विधायक जी के खास लोग कमली को बस लेकर ही आते होंगे।

जीप की आवाज सुनते ही तीनों की बाँछें खिल गई थीं। कमली को बुरी तरह बाँधकर, मुँह में कपड़ा ठूँसकर लाया गया था। कमरे में लाकर उसे खोल दिया गया था। कमरे में डिप्टी साहब और एस.पी. को देखकर कमली सब कुछ समझ गई थी। उसके अन्तस में अपमान की भट्ठी सुलग उठी थी।

कमली को देखते ही डिप्टी साहब बेकाबू हो गए थे। भूखे तेंदुए की तरह वे कमली पर झपट पड़े। इस अचानक हमले से कमली हड़बड़ा गई थी। फिर भी उसने हिम्मत नहीं हारी थी। डिप्टी साहब की गिरफ्त से वह मुक्त हो गई थी। डिप्टी साहब को धक्का देकर दरवाजे की ओर भागी। डिप्टी साहब कपास के बोरे की तरह लुढ़क गए थे।

दरवाजा बाहर से बन्द था। असहाय-सी कमली दरवाजा पीटने लगी। तब तक एस.पी. ने उसे दबोच लिया।

कमली के भीतर जंगल जाग उठा था। वह जंगली जानवरों की माँद में फँस गई थी। उनसे बचने के लिए संघर्ष करने लगी। शरीर के कपड़े चीथड़ों में बदल गए थे। चीथड़े घावों और खरोंचों को ढक पाने में असफल होने लगे थे। संघर्ष चरम सीमा पर था। डिप्टी साहब हाँफने लगे थे। कमली ने विधायक जी को पटखनी देकर फर्श पर गिरा लिया था। छाती पर चढ़कर पंजों से विधायक जी की गर्दन दबोच ली थी। विधायक जी की आँखें साक्षात् मृत्यु दर्शन कर रही थीं। वे घिघियाने लगे थे। गर्दन पर कमली की उँगलियाँ कसती जा रही थीं।

एस.पी. ने कमली को अलग करना चाहा, असफल रहे। कोई राह न देखकर एस.पी. ने कमली की गर्दन पर बाँह का घेरा डाल दिया। कमली कसमसाने लगी। विधायक जी की गर्दन पर कमली की पकड़ ढीली पड़ गई थी। एस.पी. ने कमली की गर्दन पूरी ताकत से मरोड़ दी थी। एक ही झटके में कमली का शरीर झूल गया था निर्जीव होकर। क्षण-भर में कमली, कमली नहीं रह गई थी। वह एक लाश में बदल चुकी थी। कमरे में जैसे तूफान रुक गया था। सन्नाटे के बीच वे तीनों एक-दूसरे को देख रहे थे। विधायक जी अपनी गर्दन सहला रहे थे जहाँ थोड़ी देर पहले कमली की उँगलियों ने अपनी ताकत से निशान छोड़े थे। उँगलियों के दबाव की कसक अभी जिन्दा थी। डिप्टी साहब एक कोने में हारे हुए सिपाही की तरह खड़े थे। एस.पी. की निगाहें मृत देह को अभी तक निहार रही थीं। जंगल की रानी अपराजेय थी।

फोन की घंटी ने डिप्टी साहब की विचार-तन्द्रा को खंडित कर दिया था। एस.पी. साहब डिप्टी साहब को खुशखबरी दे रहे थे फोन पर। 'नया सवेरा' का सम्पादक अस्पताल में अन्तिम साँसें गिन रहा था।

डिप्टी साहब पिटे हुए से हताश सोफे पर लुढ़क गए थे। बँगले की दीवारें जैसे एकदम निकट आ गई थीं। उसने दोनों हाथों से मुँह ढाँप लिया था।

अगले दिन गांधी चौक पर एक विशाल भीड़ को सम्बोधित करते हुए विधायक जी ने सम्पादक के हत्यारों को सजा दिलाने की शपथ ली थी। शहर मूक बना सब कुछ देख-समझ रहा था। इसीलिए शान्त था।

('जनसत्ता', 22 नवम्बर, 1987)